Deutsche Reich

郭恒鈺 ——著

德意志
帝國史話

SANS. SOUCI.

三民書局

國家圖書館出版品預行編目資料

德意志帝國史話 / 郭恒鈺著. ——三版一刷. ——臺北
市: 三民, 2019
　　　面；　公分

ISBN 978–957–14–6531–9　(平裝)

1. 德國史

743.1　　　　　　　　　　　　　　　107020958

© 　*德意志帝國史話*

著 作 人	郭恒鈺
發 行 人	劉振強
著作財產權人	三民書局股份有限公司
發 行 所	三民書局股份有限公司
	地址　臺北市復興北路386號
	電話　(02)25006600
	郵撥帳號　0009998–5
門 市 部	(復北店) 臺北市復興北路386號
	(重南店) 臺北市重慶南路一段61號
出版日期	初版一刷　1992年11月
	三版一刷　2019年1月
編 　 號	S 740080

行政院新聞局登記證局版臺業字第○二○○號

有著作權・不准侵害

ISBN　978–957–14–6531–9　　(平裝)

http://www.sanmin.com.tw　三民網路書店

推薦序 I

　　人類理解各種事物時，總需要座標，以為比對，好壞、善惡都是比較的結果。學習歷史時，更需要對照，才能理解制度優劣、策略良窳。面對年代久遠或空間間隔的事務，一旦缺乏比較，認知便無法深刻。

　　中國從秦始皇始建帝國，制度延續兩千餘年，對中國歷史學習者而言，帝國有明確的定義，學習者認識帝國各種制度、儀式，並以此為基準，理解其他地區的「帝國」規模。各式書本一直用「德意志帝國」稱 1871 年到 1918 年間的德國；從 1871 年登基的威廉一世 (Wilhelm I) 到 1918 年退位的威廉二世 (Wilhelm II) 都是「皇帝」(Kaiser)。許多讀者往往類比，認為德國皇帝與中國皇帝一般，可以號令天下。可是德語中帝國 (Reich) 的概念與中國歷史上的帝國相去甚遠。德語 Reich 僅有

「國境」或「領土」的意義，並非皇帝所轄之地。

　　根據 1871 年生效的「德意志帝國憲法」，新成立的「德意志帝國」實際上是一個聯邦政體，由普魯士國王出任皇帝。如果將這個概念說清楚，恐怕要費去許多精神，所以一般歷史讀物對這個課題不多著墨，國內讀者也就一直錯把馮京當馬涼。至於「威瑪共和國」的概念，更是離奇：有人稱威瑪共和，有人稱威瑪共和國，卻鮮少有人知道，1919 年到 1945 年間，德國政治雖有變動不斷，但仍稱為德意志帝國 (Deutsches Reich)，歷經艾伯特（Friedrich Ebert，1871～1925 年）、興登堡（Paul von Hindenburg，1847～1934 年）、希特勒（Adolf Hitler，1889～1945 年）與多尼茲（Karl Dönitz，1891～1980 年）四位「帝國總統」(Reichspräsident)。除希特勒執政時期（1934～1945 年）將總統改稱為「領袖」(Führer)，並自兼帝國首相 (Reichskanzler) 外，帝國總統一直是國家元首，與奧地利情況不同。奧地利於 1919 年公布憲法，改原有的奧匈帝國為奧地利共和國 (Republik Österreich)，國家元首為聯邦總統 (Bundespräsident)，德國卻要到 1949 年才有「聯邦共和」(Bundesrepublik) 及聯邦總統的設置。帝國與總統兩個概念所以在德國近代史上並存，正說明德文中「帝國」概念與中文翻譯背後的意涵有所出入。

　　郭恒鈺教授久居柏林，以近代中德關係的研究，享譽學界，他對近代德意志帝國的歷史也甚有新得，「邁向德意志」三部曲即為學術結晶。首部《德意志帝國史話》將德意志帝國形成與發展的概念說明清楚之後，接續的《德意志共和國史話 (1918–1933)》與《希特勒與「第三帝國」興亡史話》兩書開展了德意志帝國、威瑪共和時期與第三帝國時期的論述。

　　郭教授提出一個大哉問：「德國在那裡？」點出德國史的基本課題。德意志帝國的概念模糊，疆域經常變動，直到十八世紀，各國之間仍兼併傾軋，德國史家往往自嘲為「落後的民族」(eine verspätete Nation)，要了解德意志近代史的發展，應當先知道如何定義「德國」。奧地利與德國的關係為何？為何普魯士始終企圖將奧地利排除於「德國」之外？希特勒出生於德奧邊境的布郎瑙 (Braunau am Inn)，原籍奧地利，為何能在德國發跡？梅特涅出生於萊茵河畔的柯布倫茲 (Koblenz)，父親是外交官，他自己也長期服務於奧地利，甚至擔任奧地利首相。在德意志史中，這種人才流用情況相當平常，說明德意志小國林立，與春秋戰國時期情況類似。要想知道「德國在那裡？」還真必須先知道德意志史的背景。一般讀者如根據現實，將德國與奧地利認定為兩個不同國家，恐怕就無法認識 1871 年以前的德意志歷史。

　　1918 年，列強同意休戰，召開和會，德意志帝國也同意廢

除帝制，改行共和，皇帝被迫退位，流放到尼德蘭。帝國改組
對當時德國政治影響不大，實因德意志帝國為聯邦體制，各邦
行政體系獨立，歷史上，各邦進進出出，習以為常。1990 年兩
德統一，原本東德五個邦加上東柏林，也沒有體制上的翻修，
倒是領土變遷引起極大的社會變遷與產業改組，影響反而大些。
郭教授的《德意志共和國史話 (1918–1933)》特別針對這個盲
點，說明新建聯邦共和體制的諸般問題。1918 年以後，德意志
地區知識分子普遍不滿意巴黎和會的處置，認為德國並非戰敗
國，卻受到如此待遇。希特勒利用這種民意，趁勢而起。《希特
勒與「第三帝國」興亡史話》剖析了 1934 年以後的「第三帝
國」。郭教授這三本書點出德國近代史的重要關鍵，史識與史才
均有獨到之處。

　　郭恒鈺教授曾經在政治大學歷史系客座，我也有幸能在這
段期間經常與他論學。郭教授最常說：這個問題必須 vertiefen，
那個問題應當再深入，這種追根究柢的治學態度，在書中隨處
可見。他自謙非專治德國史，但這三本書卻可以讓國人對德國
史有精準的認識。

政治大學人文中心主任、歷史學系教授

周惠民

在世界現代史的扉頁中，德國自其十九世紀快速工業化有了傲人成果，到隨後的普魯士統一德意志諸邦、第一次與第二次世界大戰、冷戰分裂、兩德統一、歐盟成立，乃至今日國際熱議、高度棘手的中東與北非難民潮問題中，一直都在國際舞臺上扮演著舉足輕重的關鍵角色。而此一國際焦點地位所引發的正、反兩面諸多爭議，為德國文化特質披上了層層神秘的面紗，更引發了人們對其歷史發展的龐大而濃厚興趣。郭恒鈺先生長年從事德國外交關係與歷史研究，其多部以德國歷史、政治與文化為主要內容之著作，為此相關主題提供了簡要而精闢的介紹。

第一部《德意志帝國史話》，從「德意志是什麼？」，一個古老而不易回答的問題切入，開始探討與定義「德

意志 (Deutsch)」特質以及其歷史。內容章節依時間序，從日耳曼人、法蘭克王朝、德意志人、神聖羅馬帝國、薩利爾與史陶芬、選王侯、馬丁路德與宗教改革、普魯士、德意志帝國的誕生、俾斯麥時代，到威廉二世的帝國等幾個標題開展德國歷史的層層討論。與一般常有的刻板印象有相當大地出入，德國做為一個統一的現代民族國家，僅不到一百五十年時間，而其中更有四十五年（1945～1990 年）處於分裂為二的狀態，也就是說，德國做為一個統一的民族國家僅不過百年。而這一百年間，關於「德意志」的定義為何這個議題，更是爭論不休，從未有確切定論。箇中原由，除了自神聖羅馬帝國時期，帝國內部多半時間皆由林立小邦所推選的帝國皇帝為統領，隨著時代演變，帝國實權愈趨薄弱、愈趨象徵性以外，更重要的是，帝國自始（卡爾大帝成為神聖羅馬帝國皇帝）至終（威廉二世的慘烈被迫下野結束德意志帝國政權），德意志國家概念之定義與其地域版圖歷經了多番劇烈變異。如同書中反覆提到的「德國在那裡？」這樣的議題，在每次德語區域最高且最龐大之政權受到挑戰時（如法國大革命潮流襲來、歐陸外交烽火交迫、拿破崙一世的入侵等事件），對於一個能夠用來共通禦敵的「德意志」概念就被以各種形式強勢召喚出來，但也在同一時間面臨質疑與挑戰。

　　接續此段歷史的第二部著作為探討 1918～1933 年間德國現代政治發展的《德意志共和國史話 (1918–1933)》。作者在前言中即根據歷史律法與協約相關文件，特意為一般常使用的「威瑪共和國」勘誤，將其正名為「德意志共和國」。此部著作以政治外交史為核心，用四個標題分階段詳述第一次世界大戰戰敗後成立的德國威瑪政府，內容包括此時期之政黨組織狀態、政治意識形態與政治體系（君權抑或是共和）等各派系的競合狀態。書中章節主軸依次為：臨時政權（1918～1920 年）、內憂外患（1920～1923 年）、安定繁榮（1924～1930 年），與共和解體（1930～1933 年）。威瑪共和在德國的內、外政局風雨飄搖中成形，在人民、軍方、教會、企業代表等各方勢力相互競逐與攻訐之下而瓦解。內部紛擾的勢力複雜多元，分別以左翼政黨（共產黨、社會民主黨、德意志民主黨、工人政黨等）、右翼政黨（軍系代表、德意志人民黨、德意志民族人民黨等）等各式政治旗幟集會結社，各自表述。德國歷史上的這個政治階段，在過度內耗與撕裂中走向經濟財政不支的困窘絕境，最後這個以民主為基調的政府終究徹底瓦解，讓德國走上極權獨裁之途。

　　第三部《希特勒與「第三帝國」興亡史話》，從希特勒的獄中日記《我的鬥爭》（多被譯為《我的奮鬥》）談其政治生命的

崛起，並剖析希特勒各式極端偏差思想與世界觀的緣由。作者
指出，納粹第三帝國 (Das Dritte Reich) 的成立，除了企圖承繼
卡爾大帝麾下神聖羅馬帝國（第一帝國）的榮耀與俾斯麥時期
現代統一德國 （第二帝國） 的道統以外 ， 更是一個將實質化
1848 年以降德語區域許多邦國所嚮往的浪漫國族概念——「大
德意志帝國 (Grossdeutsches Reich)」民族共同體，視為核心
使命，繼往開來的遠大計畫。此部著作，大幅探討納粹政府的
各項政策、其對外擴張策略，以及歐洲文明中「反猶大主義」
與「反猶太主義」的根源與發展路徑，並就政治與種族主義面
向，闡述希特勒帶領下的納粹政府與德國政治境況。在對納粹
極權帝國誕生的歷史脈絡有較為完整的認識後，讀者或許就能
理解德國人為何在國際視聽間蒙上千古罪人之名，而在面對重
大國際紛爭事件時，即便至二十一世紀的今天，也往往必須以
贖罪者之姿現身。

　　歷經戲劇性極高的十九世紀後半葉與整個二十世紀的德
國，於二十一世紀（2007 年）在其首相梅克爾 (Angela Merkel)
的帶領下，領導歐盟，夾帶著兩德統一後的經濟優秀表現，在
國際舞臺上勢如破竹。然而，這美好國際態勢，卻在近兩年有
了頗大的轉向，主要與歐盟和德國國內多數民意對於中東與北
非難民潮問題所帶來的社會與經濟壓力，招來各方批評。這使

得梅克爾所屬政黨 (CDU) 在國內各階層選舉大大失利。 梅克爾──這位自 2005 年即擔任德國總理的政治領導人──提前宣布即將不再爭取續任其黨黨魁與總理職務,在 2021 年下野。自中古帝國、啟蒙專制君主邦國、現代民族國家,到今日的歐盟式微、各國右派保守勢力抬頭,一直以來,德國的政治與社會變動,從未與世界政治發展及潮流有過任何明顯斷裂。如同希特勒獨裁專政的第三帝國,在當代同一時期也緊緊與義大利墨索里尼、西班牙法朗哥、英國的法西斯黨、中南美洲各國境內的法西斯黨,乃至亞洲的蔣介石政權等相互呼應,並在可能的狀況下結盟相互支援一般,世界發展與歷史的連動性顯而易見。今日身處於環太平洋島鏈中一個環節的我們,在世界發展的浪潮裡,對於在國際與歐美政治舞臺上極具代表性的德國,由外觀內、細細品思,想必可得他山之石攻錯之效。

國立中正大學歷史學系副教授

郭秀鈴

序

　　1989 年初，三民書局要筆者寫一本德國史。接下這
個「寫作任務」以後，因為工作關係，寫寫停停，直到
今年 3 月才完成計畫中的一部分。

　　德國歷史不是筆者的專業，這本《德意志帝國史話》
是筆者多年所讀、所見、所思的業餘之作，深望讀者指
正。

著者

1992 年 3 月，柏林

德意志帝國史話

Contents

Chapter 1

從法蘭克王朝到
「戰國七雄」

一、「德意志歷史」是什麼？

　　1985 年 2 月西德總理柯爾在國會宣讀「國情咨文」中提及，聯邦政府將於 1987 年在西柏林，也就是在柏林開城的七百五十週年，設立「德意志歷史博物館」(Deutsches Historisches Museum)。

　　消息傳出後，引起各界人士的熱烈討論，特別是歷史學者的論戰：要展出什麼樣的「德國歷史」？意見紛紛，莫衷一是。1986 年 10 月，在馬克思誕生的特里爾城召開的第三十六次「德意志歷史學者年會」(Der 36. Deutsche Historikertag in Trier) 上，一位學者認為，既然沒人能具體說出「德意志歷史」是什麼，那就不如展出中國歷史，起碼參觀的人知道在談些什麼。此公發言，語驚四座，引起全場熱烈掌聲。

　　從十八世紀以來，每當德國的領土或未來提到政治議程之際，也就是德國人熱衷討論「德國在那裡？」「德意志歷史是什麼？」的時候。

　　社會民主黨的布蘭德在 1969 年 10 月接任聯邦總理之後，開始推動以改善西德對蘇聯及波蘭關係為主的「東方政策」。1970 年 8 月 12 日，布蘭德在莫斯科簽訂了《德蘇互不侵犯條

約》，12 月 7 日又同波蘭簽署了《德波關於兩國關係正常化基礎條約》。以上這兩個條約，西德政府稱之為《東方條約》。1972 年 3 月 22 日聯邦議會討論《東方條約》的批准問題。但是國會議員的發言，並不集中討論這兩個條約的內容，而是爭論「德國」是什麼，以及對德國未來統一的看法。

當時的反對黨，即基督教民主聯盟，認為德國的政策應以恢復俾斯麥（Otto Fürst von Bismarck，1815～1898 年）在 1871 年建立的那個德意志民族國家為目標。因為民族包括了共同的過去與未來、共同的語言與文化、共同的意識與意願、統一的國家與領土，這是 1871 年以來所形成的民族概念，從那時起，德國人才有了這樣的民族共同意識。執政黨則反駁說，民族與國家有別。在俾斯麥的帝國時期，德意志民族的大部分是被壓迫的。對於德國的未來，最重要的是，發揚自由傳統，如農民戰爭、啟蒙運動、工人運動以及反希特勒的抵抗運動。基督教民主聯盟的姊妹黨——基督教社會聯盟黨主席史特勞思也不同意恢復俾斯麥帝國的看法。他指出：那個德國不過是由許多大大小小的領邦、城市，而且只是在一段很短的時間共同構成的一個民族國家而已。

從 1972 年聯邦議會關於批准《東方條約》的討論中，我們可以看出德國人對於自己的歷史、國家、民族的認同是多麼困

難與複雜。1973 年底，政論記者艾格特就曾著文建議，在西柏林建立一座「德意志歷史博物館」。他的構想是由於在東柏林的「德意志歷史博物館」，歪曲歷史事實，為政治服務。如此下去，更將增加德國人對自己歷史認同的困難。基於同一理由，在 1981 年 8 月 15 日，即「普魯士」展覽會開幕之日，有人舊議重提，在西柏林建立一座「德意志歷史博物館」，因為客觀的、廣泛的展出德意志歷史，對於維繫所有德國人共同的歷史意識、民族情感和文化傳統是刻不容緩的事情。

↘德意志歷史博物館 (shutterstock)

　　從 1982 年起，在西柏林建立「德意志歷史博物館」這件事，進入積極籌備階段，同時也引起廣泛地討論。參與討論的學者幾乎一致認為確有建立這樣一座博物館的必要，問題是：展出什麼樣的「德意志歷史」？1987 年 10 月 28 日，由十六位專家、學者所組成的委員會，正式宣布成立，負責「落實」建立「德意志歷史博物館」。但是他們只決定了原則與任務，至於會展出什麼樣的「德意志歷史」，就只有拭目以待了。兩德統一後，計畫不變，館址決定設在前東柏林普魯士時代的「軍械庫」(Zeughaus)。

　　在對自己的歷史、民族和祖國的認同上，德國人與英國人、法國人不同，就是與義大利這個較晚成立的民族國家也不一樣。德國人有歷史認同問題並不是始自第二次世界大戰以後。德國「一分為二」，由來已久。那些先天下之憂而憂的詩人、作家早就為認同問題而困擾。作家席勒（Friedrich von Schiller，1759～1805 年）在 1796 年就問：「德國 (Deutschland)？它在那裡？我找不到那塊地方。」詩人海涅（Heinrich Heine，1797～1856 年）也提出同樣的問題：「德意志從那裡開始？到那裡為止？也許人們只能指出，德意志人能喝啤酒……」文豪歌德（J. W. von Goethe，1749～1832 年）在 1830 年，民族運動進入高潮的年代痛苦地說：「我們沒有一個城市，甚至沒有一塊地方，可以使我們能堅定

地指出：這就是德國！如果我們在維也納這樣問，答案是：這就是奧國！如果我們在柏林問，答案是：這裡是普魯士！」歌德把他出生的城市法蘭克福視為他的「祖國」也就不足為奇了。當 1848 年在德國發生三月革命的時候，梅特涅（Klemens Fürst von Metternich，1773～1859 年），這位堅決反對德意志人建立民族國家的奧國外相，認為有一個德意志民族的說法根本就是神話，「德國」不過是一個地理上的概念而已！

　　一部「德意志史」從何談起，確是人云亦云，各有千秋。許多歷史學者的專著從日耳曼人談起。日耳曼人是德意志人的老祖宗，但是德意志人並不就是日耳曼人。有些專門研究「德意志帝王」的著作，從卡爾大帝（Karl der Grosse，747～814 年，768 年稱王，800 年稱帝。中文著作根據英譯寫為「查理大帝」）開始，認為他是德意志歷史上最偉大的德意志人。這也有些問題，因為卡爾大帝擁有「雙重國籍」，他也是法國人的祖先和皇帝，德國人不能據為己有。一般史學家認為，從 919 年薩克森王朝的建立，德意志人才有了自己的歷史和「帝國」——那時候在中國剛剛結束大唐盛世！

　　這裡發生了一個問題：為什麼德意志人遲遲到了十世紀初期才有了自己的歷史？為什麼這個「德意志帝國」在到宗教改革這六百多年的歷史發展中未能演變成為一個名副其實的「帝

國」呢？為了解答這兩個問題，我們不得不「尋根」，還要從日耳曼人談起，不過長話短說。

二、日耳曼人、法蘭克王朝

日耳曼人的故鄉是北歐及德國北部，由於氣候惡劣，為了謀求生存空間，從西元前三世紀開始，逐漸遷徙南下。他們首先與凱爾特人 (Kelte) 接觸。凱爾特人也是屬於日耳曼系的部族，但語言、「文化」互異。他們把入侵的同類稱之為 Germanen，音譯「日耳曼（人）」。凱爾特語的「日耳曼」是對非凱爾特人的一種稱呼，一如希臘人對非希臘人稱為 bárbaroi，翻譯成中國話就是「蠻夷」了。

經過從西元前三世紀到二世紀末的民族大遷徙，凱爾特人與入侵的「日耳曼」人已無法區分。當時的五大日耳曼系族 (Nordseegermanen, West-Rhein-Germanen, Linksrheinische Germanen, Elbgermanen, Ostgermanen) 實際上已經是由凱爾特人及入侵的「日耳曼」人融合後，也就是此後一般書中所說的日耳曼人。

關於日耳曼人的文字記載，始見於西元 98 年羅馬的歷史學者塔希倫 (Publius Cornelius Tacitus) 發表的〈關於日耳曼人的起源及其居住地〉 ("De origene et situ Germanorum")。塔希倫的資料來

源，主要是羅馬的軍事領袖如凱撒等人根據與日耳曼人交戰、接觸而寫下來的記載。書中特別強調日耳曼人的諸多美德：愛好自由、生活儉樸、勤勞、勇敢、忠誠。塔希倫的著作也突出了日耳曼人的另一特點：日耳曼部族是一盤散沙。因此羅馬人對付日耳曼部族在外交上運用離間手段，在軍事上採取各個擊破的戰術。

日耳曼人與游牧民族不同，遷徙是為了生存，擇地定居。日耳曼人除了維持自己的生活方式外，同時也接受了希臘及羅馬的古典文化，以及基督教的宗教信仰。日耳曼人的固有特徵、古典文化和基督信仰是形成歐洲中世紀文化的三大因素。

到了西元前二世紀，主要由於語言特徵而構成的不同日耳曼部族進入威塞爾河（Weichsel，一條經波蘭北部流入波羅地海的河流）、易北河 (Elbe)、多瑙河 (Donau) 以及萊茵河 (Rhein) 地區。西元 113 年，屬東日耳曼系族的金貝爾部族 (Kimbern) 和條頓部族 (Teutonen) 與羅馬人交戰，雖未侵入羅馬帝國境內，卻成為此後五百多年羅馬帝國軍事方面的最大威脅，逼使羅馬人不得不進行長期的保衛戰。西元 395 年，羅馬皇帝狄奧多西一世 (Theodosius I.) 逝世，帝國一分為二：東羅馬帝國及西羅馬帝國。實際上這是羅馬帝國的壽終正寢。就在這個時候，由於匈奴西侵（375 年），而引起所謂第二次民族大遷徙的結果是，在羅馬

↑金貝爾部族與條頓部族曾是羅馬帝國最大的軍事威脅

人的土地上，日耳曼人建立了自己的政權：法蘭克王朝
(Frankenreich)。

　　「法蘭克」(Franken) 的原意是「自由人」，是第一次民族大
遷徙後，由不同日耳曼系的分支所組成的部族。西元 258 年，
法蘭克部族第一次在科隆周圍出現。他們的居住地是萊茵河的
中游與下游之間。法蘭克部族的結合，乃至建立王朝，主要是
為了在軍事上共同對付羅馬人，沒有統一的領導。到了西元四世
紀，法蘭克人以戰俘、同盟者或征服者的身分進入萊茵河左岸。

　　法蘭克王朝是指法蘭克部族建立的兩個王朝：梅羅林王朝（Reich der Merowinger，462～751 年）和卡羅林王朝（Reich der Karolinger，751～919 年）。前者的歷史是，貴族爭權奪利，王室兄弟鬩牆。後者「卡羅林」這個名稱是後來取自「卡爾」大帝。卡爾大帝確是這個王朝的主角，在德國人的心目中，也是「最偉大的德意志人」。但在這裡，不擬詳述卡爾大帝的豐功偉績，主要談談大帝治世對此後歷史發展的兩點影響。

　　卡爾大帝決心使用一切手段，包括興兵動武，在強大的中央政權下，統一歐洲各地的日耳曼部族。在卡爾大帝的在位時期，歐洲大陸的確出現了一個強大的帝國，它的強大可與當年的羅馬帝國相比。但只是曇花一現，為時不久。換句話說，卡爾大帝未能解決統一問題。國王與諸侯、貴族之間的鬥爭，也就是「中央與地方」的爭權，像一個慢性的瘤，長了一千多年，一直到了 1871 年俾斯麥開刀，才解決了卡爾大帝遺留下來的這個歷史問題。

　　卡爾大帝為了實現他的雄心大略，爭取「外援」和獲得教皇加冕為帝，乃與羅馬教廷結盟，而教皇也需要強人保護，甘心攜手合作。西元 800 年 12 月 25 日，教皇里奧三世把皇冠戴在卡爾頭上。取得皇帝頭銜，在權力、物質方面沒有多大影響，但在意識形態上，非常重要，它表示取得王權神授的「法統」。

⬆卡爾大帝加冕為「羅馬人的皇帝」

卡爾大帝開此先例，此後的德意志國王都想盡方法，不擇手段，一心想要由教皇加冕為帝，取得法統。從此皇帝與教廷的關係，糾纏不清；時而勾結合作，時而興兵動武。「法統」害人，由來已久，東西皆然。

814 年，卡爾大帝在他出生的地方阿亨逝世。根據 843 年的《凡爾頓條約》(*Vertrag von Verdun*)，法蘭克王朝一分為三：東部法蘭克 （以今天的德國為主） 由德意志的魯德維希 (Ludwig der Deutsche) 取得 （Deutsche 這個字是十四世紀人文主義時期以後加上去的）。西部法蘭克（以今天的法國為主）由禿頭卡爾 (Karl der Kahle) 繼承。中部法蘭克 (Lothringen) 由羅德一世 (Lothar I.) 接收。夾在

地圖圖例：
- ─── 卡爾大帝治下的法蘭克王國
- 卡爾大帝治下的斯拉夫人地區
- 禿頭卡爾
- 羅德一世　　根據843年《凡爾頓條約》法蘭克王國的畫分
- 魯德維希
- 教皇國

地圖標示：北海、丹麥、漢堡、斯拉夫人、利蘭斯、弗薩克森、阿亨、科隆、奧斯提恩、紐斯提恩、梅茲、曼因茲、巴黎、費當、沃姆斯、東法蘭克、雷根斯堡、巴燕、帕弄、克安登、寧、邊區、布根德、倫巴底、義大利、科西嘉、羅馬、西西里

⬆法蘭克王朝的分裂

東西之間的中部法蘭克，只存在了三十多年；一部分根據 870
年及 880 年的協議劃入東、西法蘭克，另一部分則落入義大利
和勃艮第。

三、德意志人、神聖羅馬帝國

911年，卡羅林王朝最後一位統治者逝世後，東法蘭克的貴
族選舉法蘭克公爵為國王，稱康拉德一世（Konrad I.，911～918
年）。在他治世的七年中，全力對付南北的部族勢力，一無所
成，飲恨而終。當時的所謂王朝，與中國的王朝不同，實際上
是由日耳曼人的不同部族所構成的一種軍事組織，國王並無權
力基礎，統治是建立在自願地服從上。部族的頭目，就是那些
稱為公爵的軍事領袖。承平日久，逐漸形成一種政治勢力，舉
足輕重。西元 900 年已經有了強大的部族諸侯，如薩克森
(Sachsen)、巴伐利亞 (Bayern)、史瓦本 (Schwaben) 等。

康拉德一世在他逝世前，就指定薩克森公爵亨利 (Herzog
Heinrich von Sachsen) 為接班人，因為薩克森是法蘭克部族中勢力
最大的諸侯。919 年 5 月 12 日，亨利被選為王，稱亨利一世
（Heinrich I.，875～936 年，919 年稱王），是為薩克森王朝之始。根
據傳述，這個由東法蘭克日耳曼部族 (Franken, Sachsen, Bayern,

Schwaben) 所開創的王朝被稱為「德意志人的王朝」(Reich der Deutschen = regnum Teutonicorum)。從日耳曼人南下大遷徙到亨利一世的王朝，經過了一千多年，在這裡第一次出現「德意志」這個字。

"Deutsche" 這個字音譯「德意志」，原文是拉丁化的日耳曼語 "thiutisk"，也有另一種寫法是 "theodiscus" 或 "Teutonicus"。這是在八世紀至九世紀之間，從巴伐利亞逐漸在歐洲中部傳開來的一個字，它的意思是指與拉丁語和斯拉夫語相對的一種（自己的）「語言」，換句話說，是指日耳曼人不同部族的方言。到十一世紀，"Teutonicus"（德意志）不再只是一個語言概念，也指在東法蘭克王朝境內說德意志語言的部族，因為在這個帝國之內還有倫巴德人 (Langobarden)、勃艮第人 (Burgunder)、波希米亞人 (Böhmen) 和義大利人。中世紀中期以後，「德意志」又指那些能讀會寫的人，用以區別他們不同於使用拉丁文字的人或法國文字的人。

936 年，亨利一世之子繼位，稱奧圖一世（Otto I. der Grosse，912～973 年，936 年稱王，962 年稱帝），後人尊稱奧圖一世為大帝。既稱大帝，必有豐功偉績，一定多彩多姿。不過這裡所要談的，僅限於奧圖一世與教廷的關係。因為它對此後的歷史發展影響很大。從 911 年開始到結束宗教改革的《奧古斯堡宗教和約》

（1555 年），這六百多年的「德意志史」如果要「一言以蔽之」的話，那就是德意志國王與教皇之間的一部有血有淚的鬥爭史。

奧圖一世有卡爾大帝的雄心大志，他要建立中央政權，對內縱橫捭闔；他要擴張勢力範圍，對外又興兵動武。雖然他懂得攘外必先安內的大道理，但是諸侯貴族舉足輕重，抗不從命；聯姻政策也未能立竿見影，只好借助外援——教會。奧圖一世用王產封邑教會，授與司法、徵稅、造幣、集鎮特權 (Marktprivileg) 以期造成與世俗諸侯的對立勢力；因為教會沒有繼承侯位、遺產的顧慮。在奧圖一世這種教會政策下，許多大主教、修道院長在政治上、經濟上的世俗勢力急遽膨脹。此外，大主教區的管界與諸侯領邦的邊界並不一致，一個大主教區有時是在兩個以上諸侯領邦之內，因此雙方爭權奪利，問題層出不窮。

奧圖一世為了阻止巴伐利亞和史瓦本的諸侯與義大利勾結，鞏固地位，擴大勢力，於是他就先下手為強，積極推行義大利政策，因為南方的義大利，不僅文化進步，而且經濟發達，是稅收的重要來源。

當時的教皇是約翰十二世 (Johann XII.)。根據史書記載，他是「教皇中最卑鄙、最下流的小人」。在 952 年，他曾拒絕給奧圖一世加冕。但當教廷受到義大利王貝林格二世挑戰、岌岌可

⬆神聖羅馬帝國皇冠（複製品）

危之際，他又向奧圖一世求救，並許以加冕為酬。另外教廷要
鞏固、保衛、擴張基督世界，又必須借助外力；「德意志」地處
歐洲中間，可以扮演一個核心角色。

　　962 年，雙方達成協議。奧圖一世保證保護教廷、教產之
外，要求教皇要向加冕的德意志皇帝宣誓效忠，也就是將羅馬
教廷置於皇權之下。962 年 2 月 2 日，德意志王奧圖一世在羅
馬接受教皇約翰十二世加冕為帝──皇冠是他自己帶來的，成

了「真命天子」。

在臺灣、中國大陸出版的有關德國歷史的中文著作，通常都把 962 年奧圖一世加冕為帝說成是「神聖羅馬帝國」之始。這與事實大有出入，值得商榷。

962 年奧圖一世加冕為帝，是「羅馬帝國」(Romanum Imperium) 的皇帝。一百九十五年之後，才在「羅馬帝國」這個名稱之前冠以「神聖」(sacrum) 一字。換句話說，到了 1157 年才有了「神聖羅馬帝國」這個名稱。這個帝國包括了三個獨立王國：德意志、義大利和勃艮第 (Burgund/Arelat)。

自 1438 年開始，神聖羅馬帝國的統治以德意志王朝領土為限，所以從 1486 年起，在文獻中開始使用 "Heiliges Römisches Reich Deutscher Nation"（英譯 The Holy Roman Empire of the German Nation）這個名稱。自 1512 年起，它是帝國的正式稱號。臺灣、中國大陸的中文書籍都譯為「德意志民族神聖羅馬帝國」或「德國神聖羅馬帝國」。這也與事實大有出入，值得商榷。

在沒有用中文翻譯這個帝國稱號之前，首先要弄清楚 "Nation"（拉丁原文 natio：出生、來源、部族）這個字的意義。在十五世紀末期，"Nation" 還沒有「民族」或「國家」的涵義；"Deutsche Nation" 不是「德意志民族」或「德國」。這個帝國的皇帝是個「虛位元首」，除了帝銜之外，什麼都沒有，也不能當

⬆ 奧圖一世的統治疆域

家做主。帝國唯一的常設權力機構是「帝國議會」(Reichstag)，
決定帝國大事。在帝國議會中擁有席位及投票權的代表，主要
是由選王侯（Kurfürst，擁有選舉國王權力的諸侯。參見本章第五節）、
領土諸侯（Fürst，原義侯爵，地位介於公爵與伯爵之間，但它在中世紀
的涵義卻包括了公爵、邊疆伯爵、地方伯爵、城堡長官、主教、修道院
長等）及帝國直轄城市代表構成；這些帝國議會的諸侯議士在

當時稱之為「帝國等族」(Reichsstände)，代表帝國權力；不是皇帝，更非人民。"Nation" 亦非指擁有德意志文化、說德意志語言的德意志人及其所居住的地方，因為這樣的德意志人在帝國境外也有。從這個帝國的政治結構和內在因素來看，"Nation" 所指的應是統治 (Herrschaft) 或王朝 (Dynastie)。所以這個帝國稱號譯為「德意志王朝神聖羅馬帝國」較為恰當。從實質來說，它就是「德意志帝國」，也是德國史上的「第一帝國」。

奧圖一世以後，在歷代德王中，渴望加冕為帝，取得法統，成為「真命天子」者不乏其人。在沒有教皇支援或勾結的情形下，問題比較複雜，因為這要看雙方統戰策略的運用。如果德王是位強人，那教皇不是被免，就是被趕，然後由自家兄弟、親戚登上教皇寶座，再由教皇加冕為帝。假如教皇是位鬥爭高手，那德王不是被免，就是破門。諸如此類的情事，一再發生，後患無窮。

四、薩利爾與史陶芬──
兩個與教皇鬥爭的王朝

奧圖一世藉教會和教廷的支持，鞏固王權，擴張勢力。但到了薩利爾王朝（Reich der Salier，1024～1125 年），帝國與教廷的

關係不再是結盟合作，而是你死我活的敵我鬥爭。

1024 年，康拉德二世（Konrad II.，990～1039 年，1024 年稱王，1027 年稱帝）繼位。他是法蘭克部族的貴族，屬薩利爾王室系統，與薩克森王室也有親戚關係。康拉德二世有三個王銜：德意志王、義大利王和勃艮第王。王銜雖多，但無所建樹。他與教廷的關係，堪稱「和平共處」，但到了他的後任亨利三世（Heinrich III.，1017～1056 年，1039 年稱王，1046 年稱帝）情形就不同了。當時有三個為「正統」而互相角逐的教皇。1046 年，亨利三世一下子把三個教皇都免了，任命親信接任教皇，同時下令新教皇為其加冕為帝。這位新教皇在位一年就死了，接班人短命，不到一年也歸天了。1049 年，亨利三世又任命他的堂兄為教皇里奧九世（Leo IX.，1002～1054 年）。亨利三世任命了三位教皇，而且都是德意志人！

亨利三世在他三十九歲的生日之前（1056 年）逝世，繼任的是亨利四世（Heinrich IV.，1050～1106 年，1056 年稱王，1084 年稱帝）。新王年幼，當時只有六歲。里奧九世於 1054 年逝世，新任教皇尼克拉斯二世利用帝國的權力真空，發動反攻。他於 1059 年公布選舉教皇新法，即教皇由樞機主教選出，德皇或德王不得參與。另外 1075 年，後任教皇哥里高七世，這個自己「任命」的教皇又宣布，主教由教皇任命，帝國教會諸侯不再

⬆這是卜克邁耶 (Hans Burgkmair) 在 1510 年所畫的「帝國之鷹」，這張
畫生動地反映了十五和十六世紀神聖羅馬帝國的政治結構。

畫中釘在十字架上的耶穌表示這個帝國是一個宗教的、羅馬天主教的「神
聖帝國」(Heiliges Reich)。羅馬帝國的國徽是頭老鷹，但是這隻老鷹有
兩個頭；它表示這是一個「羅馬的帝國」(Römisches Reich)，但同時也
是一個「德意志王朝帝國」(Reich Deutscher Nation)，是由在帝國議會
中占有席位的德意志帝國等族（選王侯、諸侯、領主、貴族、騎士、帝
國直轄市等）所構成。「帝國之鷹」兩翅上的羽毛就是帝國成員的徽誌。
1157 年，在羅馬帝國 (Romanum Imperium) 這個名稱之前冠以「神聖」
(sacrum) 一字。自 1438 年開始，「神聖羅馬帝國」不再包括義大利和勃
艮第這兩個王國，而以德意志王朝的領土為限，所以從 1486 年起，在
文獻中開始使用 「德意志王朝神聖羅馬帝國」 (Heiliges Römisches
Reich Deutscher Nation) 這個名稱。自 1512 年起，它是帝國的正式稱
號。

接受皇帝的統治。教廷的這一措施，使教會諸侯在世俗的諸侯之外，形成另一個對抗王權的龐大政治勢力，也是帝國內部統一的致命傷。這是教廷在帝國境內擴張勢力的開始。

亨利四世在 1065 年，十五歲的時候才開始問政。他是一個既不能寫又不能讀的文盲，只有匹夫之勇。亨利四世的對手教皇哥里高七世雖然內外都醜，但是他狡黠過人，是一位鬥爭高手。1075 年，哥里高七世繼續利用新皇年輕無知的大好形勢，趕盡殺絕，又公布《二十七條赦令》：教皇是上帝的代理人，是基督世界的最高統治者。只有教皇才能判定誰是正統的國王，而國王又必須對教皇絕對服從，否則破門出教 (Dictatus papae)。來勢洶洶，咄咄逼人。

次年 1 月 24 日，亨利四世召開帝國教會會議，決議罷黜教皇。三星期後，哥里高七世回招，宣布破門。這位有勇無謀的年輕國王，沒有想到教皇真的會使出這樣狠毒的一招。在中世紀那個為基督信仰所控制的世界，國王被趕出教會，就是失去了王權的神授法統，非同小可。這時帝國內部，不論是教會的還是世俗的諸侯都見風使舵，支持教皇，打落水狗，逼迫亨利四世向教皇告罪。

搬起石頭砸了自己的腳，形勢又比人強，年輕的亨利四世不得不低頭屈服。不過他決定先向教皇投降，保住王位，回頭

再來修理那些反叛的、投機的諸侯和死敵教皇。

1076 年冬，據記載那是一個非常寒冷的冬天，亨利四世帶著老婆和二歲的孩子以及簡單的隨從，越過阿爾卑斯山，來到北義大利當時教皇停留做客的卡諾薩古堡 （Burg Canossa， 在 Reggio 附近；年久失修，已成廢墟）。

根據德國著名編年史學者蘭普特 （Lampert von Hersteld， 約 1025～1081/85 年）修士的記載，亨利四世在卡諾薩古堡的第二道門前（古堡共有三道城門），脫去王袍，拿掉身上所有可以代表帝王的象徵，改穿贖罪長袍，赤腳空腹，從早到晚，候命召見。

↑卡諾薩請罪

　　三天後，1077 年 1 月 28 日，哥里高七世傳令召見。在這決定命運的關鍵時刻，再加上飢寒交迫，亨利四世四肢顫抖；雙臂交叉，全身俯地，一再哀求：「饒了我罷，教皇！你是慈善的，饒了我罷，這是我唯一的懇求。」教皇手畫十字赦罪，收回破門成命。

　　亨利四世與教皇哥里高七世這場有血有淚、悲慘動人的權力鬥爭，深入人心。德語中有一句廣為流傳的成語就是 "Canossagang"（卡諾薩請罪），它表示卑辱的投降。

　　亨利四世忍辱負重，不忘雪恥，終於在 1084 年征服羅馬，哥里高七世倉皇逃脫。新任教皇克里門斯三世加冕亨利四世為帝。「卡諾薩請罪」這段歷史，在德國史書中評價不一，但寬容多於譴責。大丈夫能屈能伸，亨利四世由於低頭請罪，取得戰術上的優勢，教皇的野心不得不適可而止，帝國諸侯失去反抗靠山。但是王權受到教皇的空前挑戰，只有全力應付羅馬教廷，無暇內顧，乃致諸侯藉機坐大，也是得不償失。

　　接班人亨利五世（Heinrich V.，1081～1125 年，1106 年稱王，1111 年稱帝）繼續與教廷鬥爭，但他無意也無力動武，雙方妥協；皇帝同意不再任命主教或修道院長。這個妥協實際上仍是皇權的削弱，是教會勢力在帝國境內的坐大。

　　亨利五世——這個為取得王位而出賣自己父親的帝王——

⊕史陶芬王朝疆域圖

沒有子女，繼位無人。1125 年 8 月 30 日，在曼因茲主教的推
動下，選出薩克森公爵為德王，稱羅德三世（Lothar III.，1075～
1137 年，1125 年稱王，1133 年稱帝），是為史陶芬王朝（Reich der
Staufen，1125～1254 年）之始。當時帝國境內有兩大部族對立，
互爭王權：一是由法蘭克、史瓦本構成的史陶芬，另一是由薩

克森、巴伐利亞構成的魏爾芬 (Welfen)。後者基本上是反帝、反
教廷的。羅德三世死後，1138 年還是從史陶芬部族中選出康拉
德三世（Konrad III.，1093～1152 年，1138 年稱王）為德王。他是一
個弱者，被教會諸侯擺布，在位十四年，乏善可陳。

　　康拉德三世在他臨死之前，指定他的外甥史瓦本公爵腓特
烈為繼承人，因為他的父系是史陶芬，母系是魏爾芬，兩個對
立的部族在他那裡統一了。公爵於 1152 年繼位，稱腓特烈一世
（Friedrich I.，1122～1190 年，1152 年稱王，1155 年稱帝），綽號「紅
鬍子」(Barbarossa)。中國大陸出版的一本德國通史說：「義大利
人民的鮮血染紅了腓特烈一世的鬍子，從此他被稱為『巴巴羅
薩』。」（《德國通史簡編》，北京，1991，頁 79）北義大利人因為腓
特烈一世的鬍子是金紅色的，所以叫他「紅鬍子」，這與義大利
人民的鮮血無關。腓特烈一世曾六次遠征義大利，這說明他的
政策重點不是帝國的內部統一，而是義大利北部經濟發達的城
市及教廷。

　　紅鬍子繼位時三十歲，能說善道，果敢決斷。他在位的三
十八年中，除了六次遠征義大利北部外，一共換了八位教皇，
也曾兩次對教廷進行有聲有色的權力鬥爭（Friede von Venedig，
1177 年；Friede von Konstanz，1183 年），雙方未見勝負，妥協以
終，但他始終維持了德意志帝王的尊嚴。

❸紅鬍子腓特烈一世

　　腓特烈一世對內與諸侯、貴族保持共存局面，在對外方面也沒有什麼豐功偉績可言。但在德國歷史上，腓特烈一世和卡爾大帝一樣是一位備受崇敬的帝王。在反抗拿破崙戰爭的年代，「紅鬍子」是德意志民族重生的希望，也是德意志人民尊嚴的象徵。還有希特勒，他也抓住這位曾率領十萬大軍進行第三次十字軍東征的「紅鬍子」不放，把他的對蘇侵略戰爭計畫命名為「紅鬍子」（Fall Barbarossa，1941 年 6 月 22 日）。

　　「紅鬍子」的後任是亨利六世（Heinrich VI.，1165～1197 年，

1190 年稱王，1191 年稱帝），因為他的老婆繼承了西西里 (Sizilien)，亨利六世把政策的重心放在南方，有意在義大利南部擴張勢力和建立不受教皇束縛的皇權。但是天不假年，在位只有七年，短命以終。亨利六世逝世後，史陶芬與魏爾芬兩家對新王選舉，意見不一，各不相讓；乾脆你選你的王，我選我的王。從 1197 年起長達十五年之久，德意志帝國出現了雙王局面。1212 年，在教皇殷諾森三世的「支持」下，亨利六世之子，「紅鬍子」之孫繼位，稱腓特烈二世（Friedrich II.，1194～1250 年，1212 年稱王，1220 年稱帝）。在他長達三十八年的在位期間，發生幾件事情，對此後德意志歷史的發展，頗具影響，值得一提。

腓特烈二世和他老祖宗一樣，不把政治重心放在帝國境內，而全力推展義大利政策。但是他不但未能打破教廷對王權控制的優勢，反而受到兩次破門的懲罰。最重要的是在他治世期間，教會的、世俗的諸侯逐漸發展成為有血有肉的「獨立王國」。

1220 年，腓特烈二世向教會的諸侯保證：今後在他們的領地之內，不再准許成立新的城市、建立城堡、授與造幣和徵稅等特權。這一點很重要，因為從十三世紀開始，「城市」這個「新生事物」，逐漸脫離諸侯的束縛，權勢不斷增加，已經形成一種新的政治力量。1254 年建立的「萊茵城市同盟」(der Rheinische Städtbund) 就是一個有力的例子。這個同盟有七十多個

在曼因茲與烏爾姆斯之間的城市加入，它們不僅反對無理稅則，更進而禁止加盟城市在經濟上支持製造動亂的諸侯；維持安定局面，以利商業活動。

從十三世紀開始，史陶芬王朝走向沒落。除了強大的選王侯外，教會諸侯、新興城市，還有由十字軍東征而興起的新興貴族──騎士團，都是左右帝國政局的重要勢力。「德意志帝國」實際上是地方割據的局面，德意志國王或皇帝，徒具虛名而已。康拉德四世（Konrad IV, 1228～1254 年，1250 年稱王）──史陶芬王朝的最後一位君主死後，教皇與法蘭西王國接近，在德法之間又展開了爭奪控制義大利的鬥爭。

五、七選王侯與「金璽詔書」

康拉德四世於 1254 年逝世後，未能選出新王。「德意志帝國」進入所謂「王位虛懸」時期（Interregnum，1254～1273 年）。事實上，「虛懸」只有三年。1257 年三個親英的選王侯 (Kurfürst von Mainz, Köln, der Pfalz) 選出康維爾（Richard von Cornwell，1257～1272 年）為德王，他是腓特烈二世的連襟，也是英王亨利三世的兄弟。另外三個親法的選王侯 (Kurfürst von Trier, Schwaben, Brandenburg) 則選阿爾豐十世 （Alfons X. von Kastilien， 1221～1284

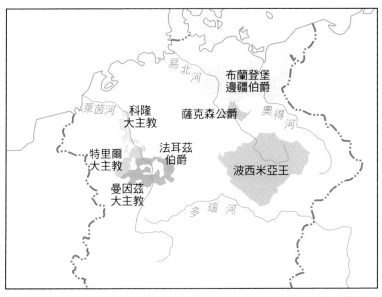

七選王侯及其轄區

年）為德王，他與史陶芬王朝有親戚關係，但從未到過「德意志帝國」。第七位選王侯波希米亞王 (König von Böhmen) 的這一票決定江山誰屬，但他不願意得罪人，對雙方各給一票，於是「德意志帝國」有了兩個國王，而且兩個都是外國人！所謂「王位虛懸」是因為這兩個德王誰也沒有得到教皇的承認。

　　1257 年的德意志國王選舉，意義非常，因為這是第一次由七位諸侯選舉國王， 從此他們七人擁有選王特權（三個教會諸侯：曼因茲、科隆及特里爾大主教和四個世俗諸侯：法耳茲伯爵、薩克森公爵、布蘭登堡邊疆伯爵及波希米亞王），從而在帝國境內的地位

超越其他諸侯之上，稱「選王侯」，中日文著作都譯為「選帝侯」。這七位諸侯只有選舉德意志國王的特權，德意志國王加冕為帝時，要得到這七位諸侯的同意，但他們並不擁有選舉神聖羅馬帝國皇帝的權力，所以不能譯為「選帝侯」。

兩位德王都是外國人，又不住在帝國境內，在王位虛懸的十九年中，七大選王諸侯呼風喚雨，操縱國政。王位虛懸，終非長久之計，帝國無主，說不過去。這「戰國七雄」勾心鬥角，各懷鬼胎，但在選舉新王這一點上他們是一致的，那就是——選王與弱，強人不能出現！

1273 年，哈布斯堡王室的魯道夫被選為德王，稱魯道夫一世（Rudolf I.，1273～1291 年）——哈布斯堡王朝之始。他與繼任的阿道夫（Adolf von Nassau，1292～1298 年）兩人都是弱者，無所表現。阿道夫執政不過六年，七大諸侯就把他罷免了。諸侯罷免國王，在帝國史上這還是第一次，可見選王侯的囂張霸道。接著選出魯道夫一世的兒子為德王，稱阿爾伯希特一世（Albrecht I.，1298～1308 年）。他也不是一個強人，對內沒有表現，對教皇一再讓步，甚至放棄德王對西西里和下義大利的統治，仍未得到教皇的加冕。

在盧森堡主教的煽風點火之下，1308 年選出盧森堡王室的亨利七世（Heinrich VII.，1274～1313 年，1308 年稱王，1312 年稱帝）

🔺七選王侯，中坐者為神聖羅馬帝國皇帝。

為德王。七選王侯看中他，也因為他是一個庸庸之輩。1313 年亨利七世逝世，七選王侯對於新王候選人的問題，意見又不一致，從 1314 年到 1330 年「德意志帝國」又有兩個國王，這兩個國王也沒有得到教皇的承認。這種不正常的雙王、虛懸局面不能一再出現，選王問題必須具體解決。1338 年 7 月 16 日，七位選王侯中的六位（波希米亞王沒有參加）在萊茵河左岸的雷斯城開會決定 (Rhenser Kurverein)：從今以後教皇不得干預德王選舉，由選王侯選出的國王不須教皇認可，即可行使主權，使用

國王頭銜。

　　1346 年，波希米亞王位繼承人卡爾被選為德王，稱卡爾四世（Karl IV.，1316～1378 年，1346 年稱王，1355 年稱帝）。他是亨利七世的孫子，在法國長大，與法國王室也有親戚關係，所以親法反英，是中世紀後期一位出色的德王。卡爾四世繼位不久，用外交手段獲得義大利王的頭銜 ， 並在羅馬加冕為帝 （1355年）。但他與他的老祖宗不一樣，沒有把全副精力放在推行義大利政策上。他常駐帝國境內，以波希米亞的布拉格為行政和文

⬇卡爾四世創建的布拉格查理大學，是中歐最古老的大學。(shutterstock)

化中心，也建造了王宮，「德意志帝國」的帝王才有了固定住所。1348 年，卡爾四世在布拉格創建並主持德國的第一所大學的開幕典禮。他與諸多德意志的帝王不同，能文能武，還寫了一本自傳（只到 1346 年）。在他治世之內，帝國版圖擴大 (Schlesien, Niederlausitz, Brandenburg)，也公布很多法令，其中最著名、也最具影響力的是 1356 年的《金璽詔書》(Goldene Bulle)。

　　這個詔書第一次在文字上明確規定選王侯的地位及特權。具體地說，有下列數點：

1. 有權選舉德王的諸侯定為七名，稱選王侯。

2. 採取多數選舉法，即得四票當選。

3. 法蘭克福為選舉德王的城市。

4. 即位或加冕在阿亨 (Aachen) 舉行。

5. 七位選王侯的投票順序是：特里爾大主教 (Erzbischof von Trier)、科隆大主教 (Erzbischof von Köln)、波希米亞王 (König von Böhmen)、法耳茲伯爵 (Pfalzgraf bei Rhein)、薩克森公爵 (Herzog von Sachsen)、布蘭登堡邊疆伯爵 (Markgraf von Brandenburg) 及曼因茲大主教 (Erzbischof von Mainz)。選舉由曼因茲大主教主持；選票相等時，由他投最後一票決定。

6. 選王侯國不得分割。選王侯國的特權是：司法獨立以及選王侯國境內各王室、貴族領地主權及收益權（如造幣、開礦、採

鹽、收稅等）皆歸選王侯所有。

　　《金璽詔書》，從內容來看，了無新意，只是把近百年來所施行的選舉與繼承的混合選王原則以及選王侯的特權，見諸文字，用法令形式立此存照而已。不過這個《金璽詔書》，再加上前面提到的 1338 年六位選王侯的決議 (Rhenser Kurverein)，其歷史意義就不比尋常了。就後者而言，從十四世紀中葉開始，德意志國王不必為「義大利政策」而疲於奔命，也不必為教皇加冕處心積慮，甚至流淚動武。就與教廷的關係而言，德意志是一個「獨立」的帝國。但是《金璽詔書》也有如帝國的一部「基本法」，它從法律上肯定了七大選王侯割據為政的局面。一百六十年後宗教改革開始（1517 年），七大選王侯藉基督教世界的一分為二，又成為有血有肉的領土諸侯。德意志人走上民族統一的道路又拖長了三百多年。

Chapter 2

馬丁‧路德與
宗教改革

一、「三人幫」：教皇、諸侯、財閥

　　宗教改革，狹義地說是指從 1517 年馬丁・路德（Martin Luther，1483～1546 年）提出〈九十五條提綱〉(95 Thesen) 到 1555 年締結《奧古斯堡宗教和約》的這段將近四十年的歷史。三十八年不算長，但是從時間上和空間上來看，它的影響都是深遠的。

　　宗教改革是教會販賣「赦罪券」(Ablassbrief) 而引起的。當時天主教的赦罪原指對信徒罪行的赦免，因為懺悔的教徒即使經過告解和赦免，仍有一部分罪行要在現世或死後的煉獄中，受到懲罰以後才能進入天堂。

　　怎樣才能消除這些殘餘的罪孽、縮短在煉獄中的停留呢？教會想出很多名堂，諸如獻祭、祈禱、朝拜、齋戒乃至捐獻金錢。捐錢多少，則由教會根據信徒罪孽的大小、貧富而定。但對信徒罪行的赦免，則是教皇獨有的權力。中文著作通常把「赦罪券」譯為「贖罪券」。贖罪與赦罪有別，對路德來說，教皇有權赦罪與否，是問題的核心。至於有人把路德文章中所用的「赦罪」(indulgentiarum) 譯成「大赦」，那就更離譜了。

　　教會販賣「赦罪券」，史有紀錄。1300 年教皇鮑尼法斯八

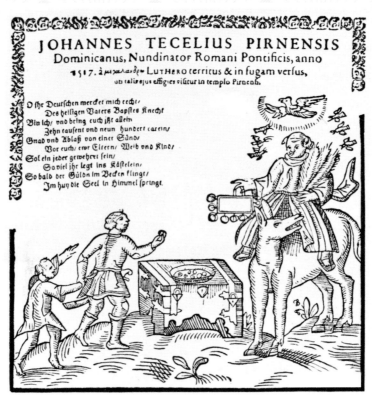

⬆多明尼加會修士戴茨爾販賣赦罪券

世就曾有過販賣一百週年「赦罪券」的先例。但它與十六世紀初期教會推銷「赦罪券」的企圖完全不同。

1517 年多明尼加會修士戴茨爾 (Johann Tetzel) 受曼因茲教區大主教兼選王侯阿爾伯希特二世（Albrecht II.，1490～1568 年，Erzbischof und Kurfürst von Mainz）的全權委任 (Generalsubkommissar)，負責推銷「赦罪券」。中世紀後期（1350～1450 年），基督教徒的虔誠、迷信，與 1346 年到 1352 年的大瘟疫有密切關係，人們相信那是上帝的懲罰。戴茨爾利用教徒對於死亡、煉獄、地獄的恐懼以及迷信魔鬼、妖巫，因此把「赦罪券」說成是一張通往天堂的快車票。花言巧語，軟硬兼施，騙錢不少，也引起小老百姓的普遍不滿。賣「赦罪券」賺來的錢對外稱是送往羅馬，用來建築聖彼得大教堂〔也是提供追求享樂的教皇里奧十世（Leo X.，1513～1521 年）揮霍之用〕，實際上，教皇只得到半數，收入的另一半是阿爾伯希特二世用來還債的。

阿爾伯希特原是布蘭登堡邊疆伯爵 (Markgraf Albrecht von Brandenburg)，也是布蘭登堡選王侯姚阿喜一世 (Joachim I.) 的老弟。從 1513 年起，阿爾伯希特又擔任馬格德堡教區的大主教 (Erzbischof von Magdeburg) 並兼任哈伯斯特的行政長官 (Administrator von Halberstadt)。此人貪心無厭，要從北方向西南發展勢力範圍，覬覦曼因茲大主教的寶座（曼因茲大主教居七選王侯

⬆ 教皇要紅包與主教諸侯勾結

之首，影響亦大）。當時教會禁止兼領一個以上的大主教區。有錢能買鬼推磨，教皇同意，但要求奉獻一筆可觀的豁免費，那是個大紅包：兩萬九千萊茵金幣 (Rheinische Gulden)！阿爾伯希特沒有那麼多的錢，只有向傅格家族貸款了。

傅格（Jakob Fugger，1459～1525 年）是「德國早期資本主義」的大資本家。傅格家族不僅僅從事商業活動、開礦、採鹽，主要還是利用金彈手段來影響王族、教會。哈布斯堡王室如果沒有傅格這條金牛出錢資助，已經到了王朝難保的局面。卡爾五世（Karl V.，1500～1558 年，1516 年稱王，1519 年稱帝）之所以能當「選」為國王，就是因為傅格出錢資助卡爾收買選王侯。此是後話，暫且不表。傅格家族的資產，在宗教改革時期，1525年，已經高達兩百萬萊茵金幣。在當時那是一個驚人的數字，到了 1546 年又增加了三倍！

阿爾伯希特向教皇送了紅包之後，從 1514 年起就當了曼因茲大主教兼任選王侯。借錢要還，阿爾伯希特沒錢還債，於是教皇又特准阿爾伯希特在他的領邦以及在他老哥的布蘭登堡選王侯國販賣「赦罪券」，為期八年。收入的半數上繳教皇，另一半用來還債。

從販賣「赦罪券」這段小史中，我們可以看到一幅「三人幫」的生動畫面：教皇的濫權、墮落、腐敗；諸侯為了取得更

⬆ 金牛傳格與帳房

多的權勢、領地、教區而不擇手段；金牛傅格用錢收買當道，從而獲得政經特權，聚斂財富。羊毛出在羊身上，倒霉的還是教會的那些代罪羔羊，王侯的無依子民。一旦星星火起，怎麼不燎原呢！

二、路德的心路歷程

1517 年秋天，馬丁‧路德在薩克森的威滕堡城 (Wittenberg) 獲悉教會販賣「赦罪券」的事情，因為有許多信徒專程趕往曼因茲主教區排隊搶購「赦罪券」。這年的 10 月 31 日，路德上書曼因茲教區大主教阿爾伯希特二世反對教會推銷「赦罪券」，並附上〈九十五條提綱〉。

在一般史學著作中，也是迄今為人們所接受的說法是：1517 年 10 月 31 日，馬丁‧路德在威滕堡大教堂的大門上張貼〈九十五條提綱〉，是為宗教改革之始。其實這是路德的「親密戰友」梅蘭東（Philipp Melanchthon，1497～1560 年）在他死後提出的，一直到今天未能為史學界所證實的說法。在中世紀後期，一個天主教的和尚在教堂大門上張貼造反的大字報，實在難以想像。更重要的是，此時此刻，路德也沒有造反的意思。

阿爾伯希特主教對於路德的上書及提綱相應不理，於是路

◀馬丁・路德

德就把他的〈九十五條提綱〉寄給學界好友，有意與專家、學者在神學範疇內討論赦罪與贖罪的有關問題。這種以提綱為準的內部學術討論，在當時是學術界的習慣。但提綱內容驚人，從學術界的圈子很快就在各地傳開了。

路德的〈九十五條提綱〉不僅攻擊「赦罪券」本身，而且也反對教會用江湖騙術來推銷「赦罪券」以及教皇的濫權與教會的腐化。路德從他對《聖經》的潛心研究、領悟中，認為教

⬆ 路德於威滕堡大教堂張貼〈九十五條提綱〉

會宣傳的「事功得救說」只是外在的儀式，無法得到聖寵。另
外他堅信教皇並不擁有赦免罪行和統治整個教會的權力，並且
懷疑教皇「永遠是正確的」。這些話，今天聽來，不值得大驚小
怪，但在當時有如九級颱風，震動神聖羅馬帝國，人人傳誦。
路德的這些「叛逆」論點，是他在修道院中長年苦修的「成
果」。

　　馬丁・路德於 1483 年 1 月 10 日出生在薩克森的艾斯雷
本（Eisleben，德國中部）。其父從礦工開始，升為冶金廠管理人，
最後獨立經商，家境小康。他父親望子成龍，不願兒子再走自

己的艱辛道路，所以從小就受到良好的教育。1501 年馬丁・路德進入艾爾福特大學 (Universität Erfurt)，順從父意學習法律。但事與願違，1505 年 7 月 2 日，路德由家返回艾爾福特的途中，雷雨大作，雷電不斷從身邊閃過，死裡逃生。路德感謝天恩，決定放棄學業，進修院苦修。兩星期後，路德不顧家人、友好反對，進入以刻苦出名的奧古斯汀修道院。兩年後成為教士，由修道院指派進入大學攻讀神學。1512 年考取神學博士，並在威滕堡大學擔任主講《聖經》的教授。

在修道院苦修的這段期間，路德深受內心折磨的痛苦。根據教會的宣傳，上帝應是一個嚴酷無情的大法官，只是懲罰罪人。人們要從事各種事功才能得救。路德相信此說，但因為長時間的齋戒節食，身體虛弱無力，百般痛苦，仍然無法得到內心的平靜，尋求答案。這種個人的痛苦經歷、對《聖經》的潛心研究以及對奧可漢理論的探討，路德發現上帝是仁慈的救世主，只有信心可以得到聖寵，而非事功得救。他也相信上帝與人的關係是直接的，無需教會教士的中介，因而提出信徒皆為教士的說法。

在神學系統中，奧古斯汀（Aurelius Augustinus，354～430 年）的理論處於主導地位。此派人物相信上帝全能全知；墮落的子民能否免於罪惡、死後得救，全看上帝。到了中世紀，阿奎諾

（Thomas von Aquino，1225～1274 年）把傳統的奧古斯汀主義與亞里斯多德的學說結合在一起，認為只有當建立在理性基礎上的知識不能解決神學上的問題時，才需要神授靈力。英國方濟各會派的奧可漢（Wilhelm von Ockham， 1290/1300～1349 年）是一位形而上學的哲學家，他掘開形而上學與經院學派形式主義之間的深奧鴻溝，討論人與上帝、人的理性與上帝的啟示以及知識與信仰的內在關係。阿奎諾突出知識，奧可漢強調信仰；信仰的唯一泉源是《聖經》，而且只有教會可以解釋《聖經》。奧可漢進而主張國家與教會是由上帝安排的兩個各不相干的獨立體；上帝的恩寵是不能解釋的，也是無法想像的，只有上帝自己知道，上帝是無窮盡的。從十五世紀開始，在與阿奎諾派的爭論中，奧可漢的神學理論對德國大學的神學院影響極大，路德亦不例外。

路德只想在神學範疇內，討論諸多迄今未能大澈大悟的問題，但是〈九十五條提綱〉的直接影響是，對教會存在的功能與意義提出質疑，最後導致教會的一分為二，這又是路德始料未及的歷史發展。

三、威武不能屈

　　路德的〈九十五條提綱〉雖然沒有公開發表，但在帝國境內，人人傳誦，轟動一時。廣大的人民群眾，雙手擁護，教會、學者「痛心疾首」，自然不在話下。路德深感有闡述自己立場的必要，乃於 1518 年 3 月把〈九十五條提綱〉綜合、簡化用德文重寫，同時發表了〈論赦罪與寬恕〉（"Sermon von Ablass und Gnade"）一文。

　　當時，教皇里奧十世可以以異端邪說罪名處死路德，但他自己無能為力，要借助世俗的權力，也就是薩克森選王侯腓特烈三世（Kurfürst Friedrich III., der Weise，1463～1525 年）的支持。但此侯出於私念，想利用方興未艾的「新教」勢力對付卡爾五世及其哈布斯堡王室勢力的擴張，於是出面保護路德。1518 年 7 月，教皇只好同意，路德在奧古斯堡召開的帝國議會（Reichstag zu Augsburg，1518 年 10 月 12～14 日）提出答辯，但路德拒絕修正自己的觀點。1519 年 7 月 4 日，路德又在萊比錫與神學家艾克 (Johann Eck) 和卡爾斯特 (Andreas Karlstadt) 進行辯論；路德堅持立場，更進而指出：教皇與大公會議 (Konzilien) 並非「永遠都是正確的」！路德開始造反了。

🔶天主教會不僅在文字上譴責馬丁・路德是傳播異端邪説的叛道者，同時也利用漫畫對路德進行人身攻擊。對大多數的文盲教徒來説，當時這是最見功效的武器。

在 「七頭路德」 這張畫中， 最右邊那一個頭的名字是 「巴辣巴」 (Barrabas)。此人是殺人作亂的強盜，與耶穌同時被捕；耶路撒冷的人群高喊釋放巴辣巴，但要求處死耶穌。在天主教徒的心目中，「巴辣巴」是可憎的、背信的叛逆者。

　　從這時起，特別是 1520 年，路德陸續發表很多推動教會改革的文章，其中有兩篇，具有歷史意義，值得一提：

1.〈致德意志基督教貴族書〉 ("An den christlichen Adel deutscher Nation")

　　這裡所說的「貴族」是指世俗的統治者而言，不能誤會。路德要求信仰基督教的德意志諸侯，徹底改革那些被「盜賊、惡狼」占據的羅馬教會。路德用煽動的文字指出教皇不能站在大公會議之上，也沒有解釋教義和統治教會的特權。因此，德意志的王侯要在自己的領地內建立沒有教皇管轄的、德意志人自己的教會；沒收教會財產、允許教士結婚。總而言之，進行徹底的「宗教改革」。

　　1518 年和 1519 年，也就是路德提出〈九十五條提綱〉的時候，他本意是淨化教會、教義，心平氣和地討論問題。但到了 1520 年，路德已經是一個憤怒的「叛逆和尚」，他的文字也具有「革命的」、「民族的」性格。更重要的是，支持宗教改革的激烈分子從這篇文章中找到了以暴力反抗教會的 「法理根據」。

2.〈論基督教徒的自由〉("Von der Freiheit eines Christenmenschen")

　　在當時這是一篇為人誤會最深或有意曲解的著作。問題出在「自由」這個字上。路德的這篇文章詳論信心得救，「自由」

係指一個基督教徒「在上帝面前因信心而得到的內心安寧」，而非世俗的政治自由。但是起義的農民和他們的領袖卻在這篇著作中找到「上帝賦與的權利」和自由的「法理根據」。

　　路德的文字，在短短的時間廣為傳播，引起共鳴。〈致德意志基督教貴族書〉這本小冊子，在 1520 年發表後的十四天內就賣了四千份。據估計，從 1518 年到 1521 年，路德的著作銷出五十萬份之多。當然這也要歸功於印刷術在歐洲的發明，德人谷登堡（Johannes Gutenberg，1397/1400～1468 年）於 1447 年第一次使用活版印刷。

　　⬇馬丁‧路德在威滕堡大教堂前焚燒教皇諭令和教會的「經典著作」

　　路德與教皇、羅馬教會的關係已經到了勢不兩立、你死我活的階段。1520 年 6 月 15 日教皇頒布諭令 (Exsurge Domine)，以破門威脅，要求路德在六十天內收回邪說。教皇諭令算是虛晃一招，沒有內外功力。「新教」勢力的「大好形勢」已非一紙諭令可以解決的。12 月 10 日，路德在威滕堡大教堂前，而且在群眾的歡呼聲中，把教皇的諭令和教會的「經典著作」一把火燒了。路德不但動筆，也動手；現在他在行動上開始造反了。

　　教皇不靈，神聖羅馬帝國皇帝不能坐視。1521 年初，卡爾五世在烏爾姆斯召開帝國議會（Reichstag zu Worms；神聖羅馬帝國沒有首都，帝國議會的召開，因事擇地），處理路德事件。路德堅持立場，威武不屈。許多關於馬丁·路德的記述，都提及路德在

⬇ 馬丁·路德在烏爾姆斯會議中答辯

卡爾五世面前答辯的結語，也是一句以訛傳訛的名句：「我人在這裡，只能如此。願上帝助我，阿門。」("Hier stehe ich, ich kann nicht anders. Gott helfe mir, Amen.") 美化民族偉人，中外一樣。路德的「原文」並不這樣簡短、有力、動人 ("...ich kann und will nicht irgendetwas widerrufen, weil es weder gefahrlos noch heilsam ist, gegen das Gewissen zu handeln. Gott helfe mir, Amen.")。

⊕ 路德版《新約聖經》

　　路德的態度使卡爾五世這位年方二十一歲的皇帝不得不採取決斷，因為卡爾認為一個僧侶怎能對自己祖先的、也就是德意志帝王的信仰發生懷疑且進行挑戰呢!?卡爾五世詔令「剝奪公權」(Reichsacht)，即路德從此不再受帝國法律的保護。

　　在從烏爾姆斯返回威滕堡的途中，路德被薩克森選王侯腓特烈三世派出的衛隊 「劫持」，實際上是保護，送往瓦德堡(Wartburg)。在那裡，路德全心翻譯《新約聖經》全書。不到三個月，以驚人的速度完成德文譯本。德文《新約聖經》對宗教改革運動的推展，以及德意志人共同語文的形成，發揮了不可忽視的歷史作用。

四、農民戰爭──歷史的誤會

　　從路德在瓦德堡「隱居」開始，宗教改革運動發生了質的變化。雖然瓦德堡已成為路德教派的中心，但已不再是路德與教皇、教會進行理論鬥爭。宗教改革進入行動階段，演變成為「群眾運動」，最後導致農民戰爭的爆發。

　　中世紀後期，羅馬教廷「富甲天下」，在神聖羅馬帝國境內，教會也擁有龐大的教產。下層騎士、貴族，特別是城市的小市民和農民，受教會與諸侯的雙重壓迫和剝削，也比歐洲其

他地區為甚。教皇、諸侯、金牛相互勾結，推銷「赦罪券」聚斂財富，更引起普遍不滿。路德文字對教皇權威的挑戰，對教會腐敗的無情攻擊，引起廣大群眾的熱烈響應。教徒相信不須繼續忍受教會的束縛，可以用暴力發洩心中積憤；教徒們開始對教堂「打、砸、搶」，占領修道院，趕走修士、修女。這種「群眾運動」首先發生在薩克森的威滕堡，也就是路德於 1517 年 10 月 31 日「張貼」〈九十五條提綱〉的城市。

　　事情發展到這一地步，是路德所未曾預料到的。他不顧選王侯腓特烈三世的勸阻，於 1522 年 3 月 6 日冒險前往威滕堡，騷亂因路德的出現而穩定下來，但為時不久，並且在其他地區也不斷發生反抗教會的動亂。從 1524 年到 1525 年終於在帝國的西南部及中部爆發攻擊領主的大規模農民戰爭。

　　起義農民，實際上並不限於農民，也包括了市民、下層騎士及貴族，還有新教徒的激進分子。他們除了主張各教區教徒有權自選教士外，主要是要求准許狩獵、打魚、砍柴、取消不合理的地租以及廢除農奴制度。從農民起義的〈十二項要求〉（12 Artikel，1525 年 3 月 15 日）的內容來看，了無新意；類似的農民起義在這之前也曾發生過。

　　1525 年的農民戰爭的特殊之處是，起義農民及其領導者視路德為「精神的革命領袖」，以路德的論點為依據，要求「上帝

⤴德意志農民戰爭

賦與的權利」。農民起義反抗領主，主要是經濟的、社會的不平
所致，一如所有時代的農民起義，但如今與宗教改革連在一起，
從路德的「語錄」中找到反抗行動的理論根據，這就不同了。
路德不能坐視，這是農民的「歷史的誤會」！

　　1525 年 4 月及 5 月，路德撰文警告那些「掠奪的、殺人的
農 民 歹 徒」（"Ermahnung zum Frieden auf die 12 Artikel der
Bauernschaft"、"Wider räuberischen und mörderischen Rotten der
Bauern"）。路德強調他的論點只是針對教會、教義，屬於宗教信
仰的精神層次，與世俗的社會問題無關。他堅決反對叛亂犯上，
力主服從當道，因為王侯的統治權力乃係神授。其實這是對外

的「一面之詞」。路德確信，如果世俗的安寧受到危害，那上帝的世界就難以存在。他只有與諸侯勢力緊密地結合在一起，宗教改革的實現才能得到保障。因此，路德要求諸侯、領主鎮壓農民起義，也就不足為奇了。在這場你死我活的鬥爭中，路德已不再是一個尋求仁慈的上帝和聖寵的基督教徒，而是一個一手拿十字架，一手拿劍的鬥士了。

　　農民失望了，罵路德是「王侯的奴僕」，路德的宗教敵人又給他扣上「叛逆者」的高帽子。路德是不是「王侯的奴僕」，是不是教會的「叛逆者」，這一直是德國史學界爭論不休的評價問題。

　　路德不僅反對農民爭取政治自由，他也具有強烈地反猶太人的思想。第二次世界大戰後，紐倫堡國際法庭審判德國戰犯。希特勒的反猶健將史特萊赫 (Julius Streicher) 說馬丁‧路德是他的共同被告、是他反猶精神上的祖師爺。

　　在宗教鬥爭方面，路德有三個敵對者：教皇、教會和猶太人。到了晚年，特別是從 1543 年起，路德在布道、談話、授課、通訊和著作中，以及在他死前最後的一次布道中所談的，只有一個題目，那就是「猶太人問題」。但是在戰後德國諸多論述馬丁‧路德的學術著作中，關於路德與猶太人問題，一般是避而不談，或是一筆帶過；專題研究，為數極微。

　　我們沒有德國人那樣的歷史包袱、感情負擔，路德與「猶太人問題」究竟是個什麼樣子？值得漫談，因為它與納粹的反猶政策，確有血肉關連。

　　在路德諸多論述猶太人的言論中，有兩篇代表作：〈耶穌基督是一個天生的猶太人〉和〈論猶太人及其謊言〉。前者「親猶」，是一篇與猶太人的「對話」、「說教」的文章。後者是一篇反猶「傑作」，說明了路德與猶太人的敵我關係，影響深遠。

　　1523 年，路德發表了〈耶穌基督是一個天生的猶太人〉（Dass Jesus Christus ein geborener Jude sei，原文全題是 "Dass Jesus Christus ein geborener Jüde und wie mit den Jüden sie zu bekehren zu handeln sei," 1523 年）。這篇文章旨在說明大家都是「自家人」，耶穌基督、神愛世人，也包括了猶太人。猶太人可以拒絕《新約聖經》，但不能不相信《舊約聖經》，因為那是猶太人自己的東西。就耶穌基督來說，兩者並無區別。猶太人是上帝的子民，應該接受聖寵。但猶太人迄今未能皈依基督教，走上正途，不是猶太人的錯，而是教會拒人千里之外。上帝恩寵給予所有世人，不應「內外有別」。

　　十多年後，路德不再「親猶」，文章中強調加強基督教徒的信仰，免受猶太人的「精神污染」，而走上歧途，但是還未口出惡言。

1543 年，路德逝世的前三年，他發表了〈論猶太人及其謊言〉（Von den Juden und ihren Lügen，原題是 "Wider die Jüden und ihre Lügen," Blatt 454〜510，1543 年）。路德在這裡不再與猶太人進行「對話」，從事說教，因為那「好像你對一隻豬傳播福音」("als wenn du fur ein Saw das Evangelium predigst.")。這是一篇對「猶太人問題」的戰鬥宣言，因為路德深信猶太人不可救藥，永遠不會皈依基督教，他不再抱有任何希望了。

這篇反猶「傑作」有三點內容：

1. 加強基督教徒的信仰，防止猶太人的「精神污染」。

2. 猶太人是「魔鬼的子孫」，虛假、頑固不化，是該進地獄的瀆神者，不願意、也不可能接受聖寵，因此要用一切手段進行鬥爭。

3. 維護耶穌基督與上帝的尊嚴。

路德駁猶太人的「謊言」，是指猶太人對於基督教義的「錯誤」解釋，特別是他說猶太人是瀆神者；他們侮辱「耶穌是龜兒子，他的母親是個破鞋；耶穌是她和一個鐵匠通姦所生的……」。路德深信，對基督徒來說，除了魔鬼之外，沒有比猶太人更為「憤恨、惡毒的敵對者」了。因此他提出「忠誠的勸告」說：

1. 猶太教堂、學校、經書用火燒掉，燒不著的東西，就用土埋

↑威滕堡教堂「猶太人的母豬」雕刻　猶太人視豬為不潔的動物，此圖像卻描繪猶太人吸吮母豬的乳水，是對猶太人的詆毀與嘲弄。(wikipedia)」

掉，不要讓人們看到一塊石頭、一點渣滓。

2. 諸侯當道不要向猶太人借錢，要用一切經濟手段禁止猶太人放高利貸，不要給予猶太人以政治保護。總之，對猶太人不能心軟，同情只有招來更多的麻煩。

但對他們過於偏激，也不會好到那裡，「因此，永遠趕走他們！」("darum immer weg mit Ihnen!") 1546 年 2 月 15 日，路德在他逝世前最後一次的布道中，還大聲疾呼：「趕走他們！」("Darum Sollt ihr Herren sie nicht leiden, sondern sie wegtreiben.")

路德苦口婆心，滿腔熱意，想用《舊約聖經》來說服猶太人：大家都是上帝的子民，接受聖寵，皈依基督。但猶太人相應不理，仍是「非我族類」。路德滄海一生，命運坎坷，晚年失意，性格偏激。最後終於放下福音，拿起劍來了。

路德憂心的是，他的「德意志民族」不要受猶太人的「精神污染」，從而脫離基督教義變成「猶太人」。但是他的文字刻薄、立論煽動、一片殺氣，那像一個傳播福音、拯救世人的宗教改革家？在納粹當權的 1930 年代，這篇反猶「傑作」由（新教）基督教會一再翻印，廣為宣傳。納粹黨人從民族偉人、宗教先知的言論中找到反猶的神學理論根據（如 H. Bornkamm: *Volk und Rasse bei Luther*, 1933; Walther Linden: *Luthers Kampfschriften gegen das Judentum*, 1936; Wolf Meyer-Erlach: *Juden, Mönche und Luther*, o. J.;

R. Thiel: *Luther*, 2 Bände, 1936 ；宣傳小冊子 ： *M. Luther über die Juden: Weg mit ihnen!* ），這又非用「遺憾」一詞所能表達的了。

五、卡爾五世──大志未成

　　本章所談的宗教改革有兩個主角：一是馬丁・路德，一是神聖羅馬帝國皇帝卡爾五世。路德的〈九十五條提綱〉雖然是對教皇權威的空前挑戰，但是教皇在這場「觸及人們靈魂深處」的運動中，並未發生多大作用。

　　1519 年，神聖羅馬帝國醞釀選舉皇帝。卡爾有意問鼎（他是哈布斯堡王室麥克西米連一世皇帝的孫子，也是西班牙國王），但教皇里奧十世反對，他害怕近在羅馬教廷門前的哈布斯堡王室勢力的不斷擴大，會影響教廷地位，從而支持遠在法國的弗蘭茲一世（Franz I.，1515～1547 年）。基於同樣的考慮，帝國的選王侯也不願意卡爾登上皇帝寶座。但是有錢能買鬼推磨，卡爾在金牛傅格及其財團的支持下，花了八百五十萬萊茵金幣，收買七位選王侯，於 1519 年 6 月 28 日稱帝──卡爾五世，次年在阿亨加冕為德王。死對頭里奧十世死後，1530 年卡爾五世才由教皇克里門斯七世加冕為神聖羅馬帝國皇帝，也是最後一個由羅馬教廷加冕的德意志皇帝。

⬆卡爾五世

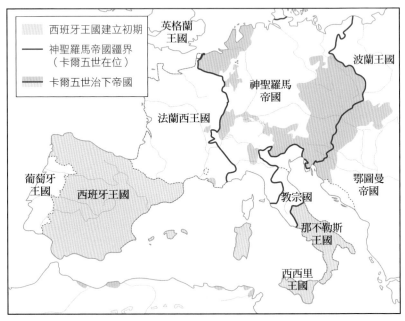

英格蘭
王國

波蘭王國

神聖羅馬
帝國

法蘭西王國

鄂圖曼
帝國

葡萄牙
王國

西班牙王國

教宗國

那不勒斯
王國

西西里
王國

西班牙王國建立初期
神聖羅馬帝國疆界
（卡爾五世在位）
卡爾五世治下帝國

⬆ 卡爾五世治下的哈布斯堡王朝

　　七位選王侯不僅要錢，還進一步進行政治勒索。他們要求
卡爾五世——在稱帝後的第五天，1519 年 7 月 3 日——提出保
證：確認選王侯及領主諸侯的權利，教會與宮廷的重要職位不
得給予外人，不得允許外國軍隊進入帝國領土，結盟、宣戰必
須事先徵得選王侯的同意 (Wahlkapitulation)。

　　形勢比人強，卡爾五世只好忍辱點頭。他當了皇帝以後，
雄心大志，決意統一帝國，擴大皇權。不僅如此，他還要當整
個基督世界的世俗領袖。最後他還是失敗了，主要受了兩個因

素的影響：宗教改革和與法為敵。這個外在的因素比較簡單，先談法國。

卡爾五世當了皇帝以後，法國深感來自神聖羅馬帝國和西班牙的夾擊威脅，所以竭力阻止哈布斯堡王室在卡爾五世治下，擴大勢力範圍。事實上，卡爾五世也提出要求占有法國的領土 (Burgund)。法國的弗蘭茲一世與卡爾五世打打停停，從 1521 年到 1544 年，進行了長達二十三年的大小戰爭；雙方勝負，未見分曉。

卡爾五世不懂攘外必先安內的大道理，沒有首先全力「圍剿」已成氣候的大小諸侯、領主。這些中世紀後期的德意志「軍閥」，藉著宗教改革的燎原之勢，日益坐大，逼得卡爾五世在宗教問題、政治權力方面一再讓步，最後飲恨「下野」。現在我們談談這個內在因素：宗教改革。

就在卡爾五世登上皇帝寶座的這個時候，殺出一個程咬金——馬丁・路德。由路德學說而引發的宗教改革運動，使帝國境內的領土諸侯一分為二；有的支持，有的反對。但大多數的諸侯、領主為了藉機擴大自己的「勢力範圍」，加強世俗權力和「轉移」龐大教產的私念，全力支持路德及其宗教改革運動。卡爾五世這時所面對的，已經不是一個「叛逆的和尚」，而是一群反抗的新教諸侯。

　　1526 年，在史培爾召開的帝國議會 (Reichstag zu Speyer)，對路德新教的地位，達成初步妥協。但三年後，1529 年，在史培爾召開第二次帝國議會時，卡爾五世因為對法戰爭得勝，形勢不同，收回 1526 年的妥協決議。信仰新教的五個領土諸侯和十四個城市，抗議退出帝國議會。從此史稱路德教派信徒為「抗議教徒」(Protestanten)。1531 年，這些在帝國議會占有席位的「抗議教徒」為了爭取自己的權益，組成「史馬卡頓同盟」(Schmalkaldischer Bund)。這個「叛亂團體」於 1546 年正式對皇帝卡爾五世開戰。卡爾五世雖然得勝（1547 年），但未能解決新教勢力。這也與天主教的諸侯、領主不支持卡爾五世有關；前者寧願接受一個四分五裂的帝國和一分為二的教會，也不願意有一個來自哈布斯堡王室的強大皇帝。

　　內憂外患，四面楚歌。1555 年 9 月 25 日，卡爾五世不得不同意簽署《奧古斯堡宗教和約》(Augsburger Religionsfrieden)。它的要點是：帝國諸侯決定其領土境內的宗教信仰 (cujus regio, eius religio)。這個和約結束了長達三十八年的宗教改革運動。但是宗教主權的承認，其意義並不限於宗教信仰範圍。正因為天主教會從此一分為二，不再是一個影響世俗主權的重大因素，諸侯、領主的主權才能全面擴張，「兩條腿走路」。

　　宗教和約締結後的一年，卡爾五世這個鬥敗了的公雞，不

得不放棄皇位，宣布「下野」，在西班牙西部的尤斯特修道院過了兩年孤獨的日子，飲恨歸天了。卡爾五世有許多與眾不同的地方。他是一個沒有固定住所——王宮、到處打游擊的皇帝，也沒有中央政權和行政機構。卡爾五世用來維持對內統治和對外關係的主要手段就是運用家庭關係，特別是女人的裙帶關係。史學家蘭克認為，卡爾在位時期是德意志民族在宗教上、政治上一分為二的開始，從而阻礙了德意志民族走向統一的發展。卡爾五世是否應對德意志的分裂負責，這是史學界爭論不休的問題之一。

⬇卡爾五世簽署《奧古斯堡宗教和約》

六、蓋棺未能論定

　　「德意志王朝神聖羅馬帝國」是一塊金字招牌，有名無實。這個帝國沒有首都，沒有政府，沒有軍隊，沒有固定疆域，皇帝連一個「固定住所」都沒有。這個帝國實際上是由數以百計的、大大小小的、教會的、世俗的諸侯、領主、貴族所統治的割據局面。他們大多數支持馬丁・路德的宗教改革，並非為了「信心得救」，主要是利用宗教改革的大好形勢擴大自己的勢力，以與「中央」對抗。卡爾五世這位只能說結結巴巴德語的德意志皇帝，也是力不從心，無可奈何。

　　在宗教改革之前，無論從文化、政治或經濟方面來看，都很難找出「德意志」的特徵。自從馬丁・路德出現以後，德意志人才在歐洲文化、歷史的範疇內，開始走自己的道路。但在宗教改革運動當時，「德意志」是什麼，那些「往錢看」的諸侯、領主還不感興趣，雖然十六世紀的歐洲已經是進入形成中央集權和「民族國家」的時代了。

　　卡爾五世要統一帝國的夢想未能成真，這與宗教改革有密切關係。馬丁・路德不惜任何代價，要實現宗教改革，結果是天主教會的一分為二。這兩位歷史人物都失敗了，但從歷史的

後遺症來看，路德在這場「觸及人們靈魂深處」的宗教改革運動中，無異是位主角。

路德於 1546 年 2 月 18 日逝世。從路德死後一直到今天，對於他的評價，由於時代背景、政治立場或宗教信仰不同，各說各話，褒貶不一；路德是先知，是偉人，也是「王侯的奴僕」，是教會的「叛逆者」。對於路德的功過，雖然歷史學者還未能蓋棺論定，不過我們從路德戰鬥的一生中，可以捕捉某些也許不為今天德國人所同意的特性。

路德是一位造詣很深的「秀才」，他並不想「造反」，只是鍥而不捨，據理力爭。在路德的心目中，只有上帝與《聖經》；從上帝那裡人們可以得到聖寵，信心可以得救，而《聖經》又是信仰的唯一泉源。這些觀點，雖非絕對真理，但也不能指為異端邪說。問題是在《聖經》這部百科全書裡面，並沒有「王侯治權乃係神授」這一條。雖然如此，路德堅決反對叛亂犯上，力主服從當道，不問當道所施行的是仁政還是暴政。在這一點上，路德與孟采爾（Thomas Menzel，約 1490～1525 年）不同，孟采爾曾是路德的「戰友」，也是農民起義的領袖之一，他認為根據《聖經》，人民有反抗暴政的權利。

路德為了尋求真理，不顧一切困擾，全心犧牲奉獻，堪為楷模。在教會的、世俗的權勢面前，威武不屈、堅持立場，又

是可圈可點。但在宗教改革事業受到衝擊的利害關頭，路德忘記了仁慈的、寬恕的上帝，也忘記了《聖經》。他對起義的農民及其領袖的「人身攻擊」，對猶太人的宗教偏見、種族歧視，在文字上尖酸刻薄，失去理性；在態度上又是偏激的、不容忍的。在路德的文字和性格中，很難找到「中庸之道」。

路德不止用文字痛罵「農民歹徒」，更重要的是，他要求諸侯、領主鎮壓農民起義，並給予「法理根據」。在路德振振有詞的文字背後，無法掩飾他的真正企圖：安定局面不容破壞，宗教改革必須實現。

1524 年到 1525 年的農民戰爭很快地就被血腥地鎮壓下去了。據估計死了七萬五千多個起義農民。農民戰爭的意義不是死了那麼多的人，它表示農民（包括下層騎士以及正在興起的市民階層）完全喪失了政治自由和爭取自由的權利，經濟地位更見惡化，特別是剛剛覺醒的民族意識，摧毀殆盡。這對德意志歷史發展的影響是深遠的。

海涅，這位猶太詩人認為馬丁‧路德不僅是德國史上最偉大的人，也是「最德意志的人」。他說：「在他的性格中，卓越地溶化了德國人所有的美德與缺點。」

Chapter 3

非德意志的普鲁士

　　德意志歷史上的法蘭克王朝（梅羅林王朝、卡羅林王朝）都不是「德意志人」的王朝。在德意志帝王史上占有光榮一頁的卡爾大帝，德意志人也不能據為己有。

　　由亨利一世創建的薩克森王朝（919～1024年）史稱「德意志人的帝國」(Reich der Deutschen)。不過這裡所說的「德意志人」是指使用日耳曼東部部族方言的人以及他們所居住的地方。沒有今天所用的「德意志人」或「德國人」的意義，也不具有「帝國」的政治內涵。

　　962年2月2日，亨利一世之子，奧圖一世在羅馬加冕為帝。從此開始，很多德王都為「義大利政策」而疲於奔命，勾心鬥角，主要還是為了得到羅馬教皇的加冕，取得「君權神授」的法統。其實這個「神聖羅馬帝國」只是一塊金字招牌，有名無實。自十六世紀開始，神聖羅馬帝國以德意志的大小領邦統治的領域為限，所以改稱「德意志王朝神聖羅馬帝國」。從它構成內容來看，這個改了名稱的帝國可以視為「德意志帝國」。

　　從上面這段簡史中，我們看出構成「德意志問題」和第二次世界大戰後所說的「德國問題」的三個要素：1.民族、語言，2.領土、疆界，3.帝國政體。

　　「德意志人」不是指在一定的領土內居住的人，而是超越德意志帝國疆界、使用德意志語言、在德意志文化中成長的人

的總稱。「德意志帝國」（德意志王朝神聖羅馬帝國）沒有疆界、固定領域。在這個帝國內生存的人又不是清一色或是絕大多數的德意志人。這個帝國沒有首都，沒有中央機構、帝國軍隊、司法和關稅主權。這個帝國是一千八百多個大大小小擁有獨立主權的「領邦共同體」（其中三百十四個帝國諸侯領邦，一千四百七十五個帝國直屬騎士領邦）。這個帝國雖然有領域，但無國境；國境是這三百多個領邦的「國境」，而這些「國境」又因領邦的分割、繼承、收購而時時在變。從這些歷史發展的特徵來看，一直到 1871 年，俾斯麥一手建立統一的帝國為止，這個「德意志帝國」是一個沒有血肉的軀殼。結束三十年戰爭的《威斯特伐利亞和約》，又在文字上，而且是用「國際法」肯定了這一具有「德意志特色」的歷史現象。

一、「威斯特伐利亞和約」的後遺症

　　三十年戰爭（1618～1648 年）是德意志帝國與歐洲列強政教衝突的結果，是一個宗教性偶然事件所引起來的戰爭，但宗教信仰並非主要因素。從瑞典，特別是法國加入戰爭（1635 年）以後，戰爭演變為參戰各國追求私利、爭奪歐洲霸權，而且是在德意志帝國境內進行的戰爭。直到今天，德國史學家對於此

一戰爭的起因和目的爭論不休，評價亦異。我們從歷史的發展來看看問題究竟在那裡。

1555 年《奧古斯堡宗教和約》把帝國分為新教與舊教的兩個世界。在此後的半個世紀中，雖然新舊兩教教徒的鬥爭不斷升高，但是大小領邦諸侯，不問宗教信仰如何，對於維繫這個被架空了的帝國，藉以擴大、鞏固自己的勢力，則是同心協力，合作無間。

在 1629 年《呂布克和約》(Friede von Lübeck) 之後，皇帝菲迪南二世下令，要在北德恢復天主教信仰。此舉引起北方新教諸侯、貴族反抗，天主教的諸侯、貴族也不樂見皇帝的實權強大，於是兩者聯合起來要罷免皇帝。大小諸侯的這種做法決定了他們對外國勢力的態度，也提供了外力干涉、影響帝國內政的機會。

法國在 1556 年哈布斯堡王室分權以後，被西班牙的「勢力範圍」所包圍，因為歐洲大部分國家都與西班牙和哈布斯堡王室有聯姻、結盟關係。因此，法國與一些德意志的領邦諸侯攜手合作，參加三十年戰爭，藉以對抗哈布斯堡王室，擺脫包圍的困境，也有稱霸歐陸的野心。至於瑞典、丹麥也有意削弱這個勢力日益壯大的、天主教的哈布斯堡王室，同時也想趁機取得波羅地海的控制權。「德意志帝國」像一盤散沙，處在歐洲中

間，提供了理想的爭霸戰場。

　　1648 年和約會議是一個空前的國際會議；除英國、俄國、丹麥、波蘭外，參與者包括所有歐陸君主的代表，共有一百四十八人參加會議，討論解決國際糾紛、維持勢力均衡。10 月 24 日帝國皇帝菲迪南三世與法王路易十四及瑞典女王分別簽署了 《威斯特伐利亞和約》 (*Westfälischer Friede*)，帝國等族 (Reichsstände) 簽字副署，法國是和約的保障國。法、瑞同意締結和約的條件是，必須獲得某些領土──「德意志帝國」的領土。

　　瑞典分到兩個波羅地海的出海港口 (Wismar, Stettin)、前波美恩 (Vorpommern) 以及兩個主教管區布萊梅及凡爾頓 (Erzstift Bremen, Verden)。法國取得艾爾薩斯 (Elsass) 和三個主教管區 (Toul, Verdun, Metz)，萊茵右岸由法國管制。瑞典獲益不少，達到目的，但最大的贏家還是法國，除了土地之外，這個和約奠定了法國在歐洲「超級大國」的地位。

　　對於德意志帝國來說，這個和約又稱 《帝國基本法》 (*Reichsgrundgesetz*)，因為它明確地規定了領邦諸侯與帝國皇帝以及領邦諸侯與帝國本身的關係 (Instr. pac. Monast §62–65)。

　　和約規定領邦諸侯擁有與領邦之間以及與外國締結盟約的自主權力。但不能用來反抗皇帝或帝國。皇帝未得領邦諸侯（帝國議會的代表）的同意，不得行使立法、徵稅、結盟、宣戰、媾

🔼 《威斯特伐利亞和約》的簽訂

和等權力。《威斯特伐利亞和約》以後的「德意志帝國」名存實
亡，諸侯領邦的割據局面，獲得歐洲列強的支持和「國際法」
上的承認與保障。史稱「德意志自由」（teutsche Libetät，意謂諸侯
的政治自由），至此得到了高度發展。《帝國基本法》等於是「德
意志王朝神聖羅馬帝國」的死亡宣判書。從此德意志帝國是一
個地理概念，是歐洲鄰邦輕蔑、嘲笑的對象。《威斯特伐利亞和
約》是一個具體的例子，說明「德意志問題」的複雜性和國際
性，也說明德意志人對於解決自己的問題的無力感。維也納會

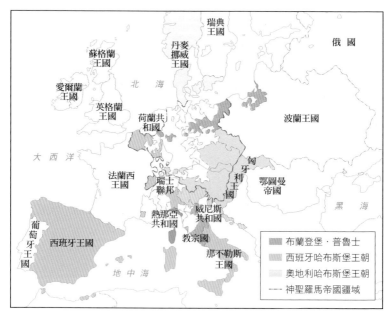

⤊三十年戰爭後的歐洲

議（1815 年），歷史重演（參見第四章第三節）。

　　和約締結後，帝國內部發生了權力結構的變化。在帝國議會的代表如高僧、騎士、城市代表等逐漸失去作用。因為三十多年的兵災戰禍，經濟破產、民不聊生；人口由 1618 年的一千六百萬人減至一千萬至一千二百萬人左右。許多小領邦、貴族已經到了無法生存乃至消失的地步。較大的領邦諸侯又必須在奧地利與法國之間尋求庇護，以期自保。靠攏法國，還是跟著奧地利走，胥視本身利益而定。但靠攏路易十四強人政治的法國等於自投羅網，最好敬而遠之。奧地利的情形不同，雖然它是當時歐洲南部的強國，但不如路易十四的法國可怕；奧地利西邊有法國威脅，東南方面從 1633 年到十八世紀又不斷遭受土耳其的入侵而受牽制。因為這個關係，帝國的大小領邦諸侯逐漸接近維也納。在帝國領域內的帝國議會也就被維也納利用，成為推行哈布斯堡王室政策的政治舞臺了。當帝國的大小諸侯，都向奧地利一面倒的時候，布蘭登堡選王侯是唯一例外。

二、布蘭登堡‧普魯士的形成

　　談布蘭登堡的歷史，要先從普魯士講起。普魯士是在威塞爾河（Weichsel，一條經過波蘭北部流入波羅地海的河流，波蘭語稱為

Wisla）以東居住的一個非基督教的部族，原稱「普路士人」
(Prussen)，來歷不明。

十二、十三世紀東方殖民運動時，德意志騎士團征服該地，
把「原住民」趕盡殺絕。在那個時代的歐洲，非基督教的部族，
是沒有文化的「非我族類」，砍殺隨意；非基督教化的地域，也
等於無主土地，予取予奪。德意志騎士團的歷史是一部殘酷的
殖民史。此後移民到這塊地方的德意志人和（信仰基督教的）斯
拉夫人就稱為「普魯士人」(Preussen)。

普魯士也是一個地理名詞，由東、西普魯士構成；在威塞
爾河東邊的地方稱東普魯士，河西稱西普魯士。1466 年，根據
《第二次杜恩和約》 (2. Friede von Thorn)，東普魯士是波蘭王國
封給德意志騎士團的采邑，西普魯士是波蘭宗主權下的領地。
根據 1525 年《克拉高和約》(Friede von Krakau) 騎士團首領宣布
東普魯士是在波蘭宗主權下的 「普魯士公國」 (Herzog von
Preussen)。

現在我們談談布蘭登堡的歷史 。 布蘭登堡 (Brandenburg) 是
德意志帝國的東北部，在易北河 (Elbe) 與奧德河 (Oder) 之間的地
域。原是斯拉夫人溫得族的居住地。從十二世紀開始，在東方
殖民運動中，被德意志騎士團征服和德意志化了。北部邊境貴
族阿爾伯希特 (Albrecht der Bär) 先占有，後繼承（1157 年），並自

稱「布蘭登堡邊疆伯爵」(Markgraf von Brandenburg)。

1356 年皇帝卡爾四世在《金璽詔書》中明定布蘭登堡為選王侯國。 1417 年皇帝封紐倫堡城堡長官腓特烈六世 (Burggraf Friedrich VI. von Nürnberg) 為布蘭登堡邊疆伯爵。此公屬於霍亨佐倫王族，從此布蘭登堡落入霍亨佐倫王室之手。從 1618 年起，布蘭登堡邊疆伯爵兼任普魯士公爵 ，改稱 「布蘭登堡・普魯士」。

腓特烈・威廉大選王侯（Friedrich Wilhelm, der Grosse Kurfürst，1640～1688 年在位）是給普魯士成為強國打下基礎的君主。在位時就已經被尊稱「大選王侯」，既稱為「大」，必有其他選王侯

⬆ 布蘭登堡・普魯士（1618 年）

所不及之處，值得尋根。

　　1613 年霍亨佐倫王室改信新教 。 年輕的腓特烈・威廉
（1620～1688 年）在自由的、信奉新教的荷蘭遊學四年（1634～
1638 年），二十歲就繼位執政 。 繼承的頭銜有十五個之多
(Markgraf zu Brandenburg, Erzkämmerer des Heiligen Römischen Reiches
und Kurfürst, Herzog in Preussen, in Jülich, in Cleve, in Berg und Stettin,
Herzog der Pommern, Kaschuben und der Vandalen, Herzog in Schlesien, zu
Crossen und Jägerndorf, Graf zu Mark und Ravensberg)。當時三十年戰爭

⬇霍亨佐倫城堡是霍亨佐倫王族的發源地 (shutterstock)

還在進行。布蘭登堡是在北部一個沒有防禦能力、「開放」的領邦；四面受敵，蹂躪最甚，也是德意志帝國中最窮的一塊地方。從戰爭的痛苦經驗中，腓特烈・威廉深信，可靠和堅強的軍隊是國家賴以生存的保障，從 1643 年和 1644 年起全力建軍。當時布蘭登堡只有一支四千六百五十人的軍隊，在大選王侯統治期間，軍力增加將近十倍──三萬八千人。

　　當時是槍桿子裡出政權、打天下的時代，戰爭是外交的重要、「正常」手段。腓特烈・威廉重視軍隊實力，但非用於征服，而是用來作為外交談判的後盾，必要時他也興兵動武。在大大小小的戰爭中，腓特烈・威廉不太重視道義、諾言，他也沒有固定的盟友或死敵。縱橫捭闔，左右搖擺，咸以布蘭登堡的利益為主。

　　當瑞典和波蘭進行戰爭的時候（1655 年），腓特烈・威廉與瑞典結盟，因此能在戰後根據《奧利佛和約》（*Friede von Oliva*，1660 年），從波蘭手中「取得對普魯士的主權」。一般中文書籍都是如此說法，容易引起誤會；應該補充地說，是取得東普魯士的主權。這是腓特烈・威廉執政中的第一件大事。

　　1672 年，路易十四的法國攻打荷蘭，並要求布蘭登堡再度攜手合作。腓特烈・威廉不願意支持一個信仰天主教的強大法國，而與荷蘭結盟。當時瑞典在財政上受制於法國，所以不得

↑大選王侯腓特烈・威廉與妻子路易絲・亨里埃特

不站在法國一邊兒，從北方侵入布蘭登堡。1675 年 6 月 28 日，雙方在費爾貝林（Schlacht bei Fehrbellin，在波茨坦西北附近）展開大戰。腓特烈・威廉御駕親征，大敗號稱「常勝軍」的瑞典軍隊。這場空前的勝利，使腓特烈・威廉獲得「大選王侯」的稱號。這是他執政中的第二件大事。

從大選王侯的時代開始，法國就成為布蘭登堡的死對頭，普魯士要「莊敬自強」，而法國又從心裡不願意在歐洲心臟出現一個強大的邦國，不管它叫布蘭登堡・普魯士或是德意志。但是歷史的諷刺是，對於普魯士的崛起，法國人功不可沒。

大選王侯能練兵打仗，也「略輸文采」，但布蘭登堡小於荷蘭，人口在一百五十萬左右，而且是一個貧窮、落後的「第三世界」，缺少發展成為強國的文化和經濟條件。1685 年 10 月 18 日，法國路易十四公布《方登布魯詔令》（Edikt von Fontainbleau），用以廢除《南特詔令》（Edikt von Nantes，1598 年）。近一百年來，《南特詔令》給法國新教信徒以宗教自由的保障，《南特詔令》的廢除，也就是胡根諾派信徒遭受迫害的開始。（「胡根諾」派，德文是 Hugenoten，法語音譯應是「于根諾」。但中文著作中都寫「休京拉」派，這是英語音譯，與法語原字相去過遠，割愛襲用。）

大選王侯抓住這個大好機會，一個月後（1685 年 11 月 8

🔼三百年前，布蘭登堡的腓特烈‧威廉大選王侯就懂得運用「公共關係」推展國際貿易，建立外交關係。這一點，鮮為人知，值得介紹。

腓特烈‧威廉十四歲時，在荷蘭阿姆斯特丹遊學四年，由於王室與荷蘭東印度公司（1602 年成立）的來往，腓特烈‧威廉王子在東印度公司的倉庫中看到大量的中華文物，從此成為「中國迷」。1640 年腓特烈‧威廉繼位為選王侯以後，成為荷蘭東印度公司的大主顧，買了不少中國瓷器、佛像以及中國典籍三百餘部。1682 年，大選王侯建立了一支「遠洋艦隊」，曾遠征非洲西部，取得殖民地，但大選王侯一心想與中國建立關係，進行貿易。1685 年也就是大選王侯執政的第四十五年，他委託御醫孟澤爾（Christian Mentzel，1622～1701 年）繪製一張中文木刻畫像，送到中國，讓中國皇帝知道布蘭登堡大選王侯也是一位「恩德在民的君主」(der allergnädigste Herrscher)。御醫孟澤爾也是一個「中國迷」，六十歲開始學中文。這張刻有大選王侯畫像的中文木刻版畫上都寫些什麼，就看讀者的中文能力了。

日）, 公布《波茨坦詔令》(*Edikt von Potsdam*), 保障胡根諾派信徒
(Réfugiés) 在布蘭登堡和東普魯士獲有宗教自由和落戶生根的權
利。這是大選王侯執政中的第三件大事。

　　《波茨坦詔令》給予胡根諾派信徒諸多保障, 值得一提,
如: 自由選擇居住地, 並享有自治權; 所有攜帶來的財物不予
課稅; 提供建材建造房屋並免稅六年; 不動產可以繼承; 法律
之前人人平等; 允許在布蘭登堡‧普魯士建造自己的教堂和自
由傳教; 法人貴族與布蘭登堡‧普魯士貴族地位同等; 大選王
侯提供法國難民由法國前來布蘭登堡的安全措施。

　　法國的胡根諾派有三萬五千人左右, 其中二萬多人湧入布
蘭登堡‧普魯士避難。 這些人不是今天第三世界的 「經濟難
民」, 他們是貴族、軍官、法官、醫生、公教人員, 特別是具有
豐富經驗的手工業者和財力雄厚的商人。1700 年, 在三個柏林
居民之中就有一個是法國人 (包括胡根諾派)。

　　胡根諾派信徒來到新家鄉之後, 貴族軍官參加軍隊, 許多
人成為「領導幹部」、高級將領。在手工業、商業方面他們全力
發展經濟, 不僅滿足本地需要, 而且還促進出口, 創收 「外
匯」。大選王侯也在這些法國人的協助之下, 建立了具有高度效
能的行政與財經機構。

　　胡根諾人對於布蘭登堡‧普魯士的崛起, 貢獻良多。在柏

林中心的「科學院廣場」（Platz der Akademie，1992 年初恢復普魯士時代的舊稱：Gendarmenmarkt）有三個名建築物：中間是柏林皇家劇院，左邊是德國主教堂，右邊就是法國主教堂。可見胡根諾人在這一領邦的地位。荷蘭移民的貢獻也相當可觀，因為荷蘭在十七世紀已經是歐洲的貿易「大國」，算是「開發國家」。在

波茨坦有個「荷蘭城」(Holländisches Viertel)，是遊客的觀光重點，可見荷蘭人深受當道的重視。此外，猶太人、蘇格蘭人亦步其後塵，前來落戶、避難。布蘭登堡‧普魯士是當時歐洲遭受政治、宗教迫害的「異議分子」的移民天堂。在這一點上，希特勒與大選王侯不同，卻與路易十四相似，把有用的「臭老

⬇柏林的科學院廣場 (shutterstock)

九」都趕到國外去了。

　　大選王侯逝世（1688 年）時，布蘭登堡・普魯士還不是歐洲的一個強國。大選王侯，這位強國普魯士的奠基者，在遺囑中給他的接班人留下了一句訓詞：「結盟是不錯的，但是自己的實力還是最可靠的。」

三、「普魯士王國」與「軍人國王」

　　大選王侯之子腓特烈三世（Friedrich III.，1657～1713 年）於 1688 年繼任布蘭登堡選王侯，1701 年自己戴冠為王——「普魯士王國國王」，改稱腓特烈一世（Friedrich I.，1701～1703 年）。

　　腓特烈三世主要靠他老父留下來的遺產，維持政權，但子不如父，政績平平。值得一提的是，在他治內成立了哈雷大學（Universität Halle，1694 年）和創建柏林科學院（1701 年），不過後者是比他還聰明的王妃蘇菲・莎羅蒂 (Sophie Charlotte) 在萊布尼茲的協助下，全力促成的。值得大書特書的是，腓特烈三世在 1701 年取得普魯士王國的王銜。

　　1688 年，腓特烈三世——膽小懦弱，但虛榮心強——繼任選王侯，繼承許多頭銜，都不過癮，一心想要當一國之王。當皇帝里奧波德一世 (Leopold I.) 在西班牙王位繼承問題上獲得布

蘭登堡・普魯士的支持以後，承允腓特烈三世可以在「德意志帝國」領域之外，找一個地方稱王。1701 年 1 月 18 日，腓特烈三世就在東普魯士首都柯尼斯堡給自己戴冠加冕，稱「普魯士王」。既然為「王」，就不該屈居第三，於是腓特烈三世就改稱腓特烈一世。一般中文著作都說 1701 年腓特烈三世當了「普魯士國王」。這與事實稍有出入，有待澄清。德文是 "König in Preussen"，而不是 "König von Preussen"。這個 "in" 是指東普魯士那一塊地方，而不是整個東、西普魯士的國王（那是 1772 年以後的事）。前面提過，西普魯士從 1466 年到 1772 年還是波

◀腓特烈一世

蘭王國的領土，1701 年的「普魯士國王」只是半個普魯士的國王。

從此，普魯士既指「普魯士人」和一個地理名詞（東、西普魯士），也是一個領邦王國的稱號，從而取代了「布蘭登堡・普魯士」。

普魯士的崛起，發生在歐洲一個新時代的開始。十八世紀初期，法國在歐洲呼風喚雨，舉足輕重。奧地利在西班牙王位繼承戰爭之後，由於領土的擴張，也成為歐洲強國。在歐洲的東北，俄國彼得一世的全面改革與西進政策，特別是北歐戰爭大敗瑞典之後，也登上了歐洲的政治舞臺。

1700 年以後，歐洲局勢的發展決定了普魯士王國未來的歷史和角色：南北普奧對立，東西兩翼勢力（法、英與俄）則從政治上和戰略上的考慮集中對普魯士內部發展的影響。普魯士未來外交的核心問題是：與誰結盟和避免兩面作戰（這個問題一直到 1945 年本質未變）。與這個核心問題息息相關的是普魯士的疆域問題。

根據 1648 年《威斯特伐利亞和約》，布蘭登堡獲得中部德意志的領土 (Kammin, Minden, Halberstadt, Magdeburg)，再加上東普魯士和布蘭登堡一共是兩大塊，四小塊，除了馬格德堡 (Magdeburg) 與布蘭登堡接壤外，領土分散，各不相連。如何把

這些分割的領土連結起來，成為一個「單元」，這是一個核心問題。

為了解決這個歷史包袱，使零散的領土成為一個有機的整體，在當時歐洲的「大氣候」下，只有興兵動武，掠人土地。這是形成普魯士「侵略成性」的歷史因素。為了興兵動武達成目的，必須要求王室上下，與「中央取得一致」，這又形成普魯士王國的特殊性格。普魯士是在非德意志土壤上崛起的一個王國，而這個王國又與其他德意志領邦不同，是一個具有非德意志成分的邦國。

腓特烈一世是「小人物中的大人物，大人物中的小人物」。此公政績平平，但大興土木，揮霍成性，給兒子留下了一筆高達兩千萬塔勒（Taler，十六世紀至十八世紀在德意志帝國通用的銀幣）的債務。一天下午，腓特烈一世在沙發上打瞌睡，王妃 (Sophie Louise) 突然出現在眼前。腓特烈一世從睡夢中驚醒，嚇了一跳，死了。腓特烈・威廉一世 （Friedrich Wilhelm I.，1688～1740 年，1713 年稱王）於 1713 年繼位時──不想屈居第二，在腓特烈之後加個威廉，也稱一世──就把老父鑲有鑽石鈕扣的加冕王袍和王室瓷器賣掉了。腓特烈・威廉一世與老父不同，是一位節儉、冷靜、務實的國王。在他二十七年的統治生涯中，只知道義務、工作、集資，特別是練兵，因此他也有個「軍人國王」

⬆腓特烈・威廉一世

(Soldatenkönig) 的稱號。他逝世時，給普魯士留下了八百萬塔勒現款，一支訓練有素的強大軍隊和一個非德意志的軍事國家。

　　腓特烈‧威廉一世從他父親手裡接過來一支擁有四萬人的軍隊，但到他執政晚期就增加了一倍：常備軍八萬四千人。普魯士從面積上來說，在歐洲占第十位，就人口來看，占第十三位，但軍隊人數占普魯士總人口的百分之三十六，國家收入的三分之二用於軍事支出。小國寡民，資源缺乏，只好在各方面都克難從簡。「普魯士的節儉」(Preussische Sparsamkeit) 也就成為一句流行的口頭禪了。節流之外，還要開源，普魯士也是當時歐洲課稅最高的國家。腓特烈‧威廉一世是「軍人國王」，但他自己卻稱是「財政部長」；財經大事親自過問，一把抓，只有法務、教會事務由他人代勞。腓特烈‧威廉一世把王室費用與國家支出分開，在當時的歐洲，這也是新生事物。他繼位時，國家收入是三百四十萬塔勒，不久就達到七百萬塔勒。「軍人國王」的理財能力，在當時歐洲的「領導人」中，也是獨一無二的。

　　「普魯士的節儉」也可從「軍人國王」對逃兵的處理看出來。德語有一流行的口頭禪是：「普魯士人不馬上開槍」 (“So schnell schiessen die Preussen nicht.”)，這裡所說的「開槍」不是指戰場上的射殺敵人。當時在普魯士的軍隊裡還有很多被迫服役的

「外地人」，所以逃兵現象非常普遍。在歐洲其他國家、帝國領邦，抓到逃兵馬上處死。普魯士不同，抓到後，先予懲罰鞭打，身體復原後再歸隊服役，因為開槍處死，子彈太貴，而且軍隊也要人。

從大選王侯時代開始，普魯士是歐洲在宗教上、政治上受迫害的「異議分子」的避難所，也是移民的唯一去處，腓特烈·威廉一世，還有他的後任腓特烈大王（Friedrich der Grosse，1740～1786 年）都保持了此一優良傳統。1732 年有一萬七千名沙茲堡新教徒前來避難，在東普魯士落戶。此外，比利時人、捷克人、瑞士人、再洗禮派也紛紛湧入普國。難民和移民有權保持自己的宗教信仰、語言、習俗。腓特烈大王有句名言是：「每個人都應該按照他自己的想法過日子」（"…hier mus ein jeder nach seiner Façon selich werden."）。普魯士這種宗教上和種族上的寬容政策，無論在「德意志帝國」還是在當時的歐洲，都是一個非德意志的「新生事物」。

這種宗教上和種族上的寬容態度也表現在用人政策上。腓特烈·威廉一世講求效能，只要有真本事、硬工夫，不論來自何方、信仰如何，都可以在軍隊擔任軍官、將領，在行政機構中取得高官厚祿。十八、十九世紀，普魯士的許多文武名人就是「非我族類」的外地人。歡迎外地人也有經濟上的考慮。為

了龐大的軍事支出，不能只是節流，也要開源；開源就是推展經濟成長，而人的來源又是一個重要因素。腓特烈大王說：「一個顛撲不破的真理是──人口眾多是一個國家真正的力量泉源。」不過這與毛澤東的名言「人多好辦事」內涵不同。

普魯士的崛起與強大，軍隊是一個主要因素。腓特烈・威廉一世雖然擁有一支八萬多人的常備軍，但與當時的法、奧、俄三國相比，還不成氣候，不能呼風喚雨。因此，普魯士的軍隊就必須在質量上尋求彌補。

三十年戰爭時期，歐洲國家還沒有自己的軍隊。參戰的隊伍都是傭兵，戰爭的進行是「以戰養戰」。進入十八世紀以後，情形大變，「軍隊國家化」是一種普遍趨勢。但當時普魯士的「軍隊國家化」有諸多與眾不同之處。

在腓特烈・威廉一世後期，募兵改為徵召──募兵花錢太多！徵召有一定的制度，也相當複雜；主要是徵召不能繼承土地的農家子弟入伍，徵召不能繼承莊園的貴族地主 (Junker) 子弟擔任軍官。貴族是農民的地主，又是軍事上的長官，也是國家的公僕。普國上下，每個人都要為這個國家服務、盡義務，包括國王自己。腓特烈大王說：「我是這個國家的第一位公僕」。而非路易十四的「朕即國家」。不過腓特烈大王所說的「國家」是一個軍國主義的國家；他說：「普魯士必須有一個軍事政府，

而且一切又必須以實現軍事目的
為中心。」

　　在普魯士這個軍國主義
國家，沒有「一個領袖，一
個民族」的口號，也不提倡
愛國主義、民族意識或突出
傳統，所有這些普魯士都沒有。
腓特烈・威廉一世治國、治軍的

⬆黑鷹十字章

原則很簡單：義務，絕對的義務。在普國最高勳章「黑鷹十字
章」的背面有一行字，是腓特烈・威廉一世的名句：“suum
cuiqne”（意謂各盡義務）。每一個人都要為這個國家盡他的義務、
做事：賺錢、流血或貢獻智慧。在履行義務上，舉國上下，不
分內外地人，沒有例外。絕對的履行義務是普魯士強大的另一
個重要因素，這也是一個非德意志的「新生事物」。至於普魯士
的義務感到了納粹年代被扭曲、濫用，那又另當別論了。

　　從腓特烈・威廉一世以後，「普魯士」這個字又有了新的涵
義：盡義務、守紀律、負責任、講效率。

四、腓特烈大王的「武功」

腓特烈・威廉一世治軍嚴厲，待人寡情，對待自己的兒子——繼位的腓特烈大王，也不例外。王子十八歲時，因為忍受不了老父斯巴達式的軍管教育而潛逃。在逃往英國的途中，被抓了回來。王子和陪同他潛逃的軍官卡德交由軍法審判處死；王子被赦，他在囚室的鐵窗中親眼看到卡德，也是他的好友，被砍頭處死。

腓特烈・威廉一世在位的二十七年中，他沒有解決，也沒有嘗試去解決普魯士的歷史任務：把七零八散的領土連成一個有機的整體。腓特烈・威廉一世號稱「軍人國王」，而且軍裝從不離身，但他從未發動過戰爭，帶兵打仗。可是他為解決這個歷史包袱留下了成功的基礎：強大的軍隊、有效的政府和健全的財政。普魯士沒有債務，在當時的帝國境內的領邦之中，也是獨一無二的。

腓特烈・威廉一世於 1740 年 5 月 31 日逝世，兒子繼位，稱腓特烈二世（Friedrich II.，1712～1786 年，1740 年稱王）。執政兩年，就被尊稱「大王」(der Grosse von Preussen)。因為他興兵動武，縱橫捭闔，終於使普魯士脫穎而出，躋身列強。腓特烈大

●王子（腓特烈大
王）在囚室之中目
睹好友卡德行刑

王是普魯士的縮影，也是德國史上一位毀譽參半、爭議最多的
歷史人物。

在腓特烈大王在位的四十六年中，發生不少大小戰爭，最
重要的是第一次和第二次石雷吉恩戰爭以及七年戰爭。這三次

⬆腓特烈大王

戰爭是普奧爭霸的戰爭，也都是腓特烈大王採取主動的侵略戰爭。英、法兩國因為海外殖民利益衝突，要在歐洲尋求盟友，分別站在普、奧一方，推波助瀾，乃至直接或間接地參與戰事，但非主角。

　　普魯士的對手是腓特烈大王（時年二十八歲）所輕視的弱小女子（芳齡二十二歲）──瑪麗亞‧德蕾吉亞（Maria Theresia，1717～1780 年）。1740 年 10 月 20 日，伊父神聖羅馬帝國皇帝卡爾一世逝世，她根據《國事詔書》繼位為女皇，同時兼匈牙利和波希米亞女王。但是巴伐利亞選王侯亞伯特、西班牙國王腓力普五世以及薩克森選王侯奧古斯都三世都提出異議，覬覦皇

❹瑪麗亞‧德蕾吉亞

位。腓特烈大王抓住這個大好機會欺負婦道人家，在瑪麗亞・
德蕾吉亞執政不到一個月的時間，於 1740 年 12 月 16 日率三
萬大軍侵入奧省石雷吉恩（Schlesien，中文著作譯為「西里西安」，
與德語原字發音相去過遠，不予襲用）。腓特烈大王先兵後禮，表示
在皇位繼承爭執上支持奧女皇，條件是奧地利放棄石雷吉恩。
瑪麗亞・德蕾吉亞威武不屈，寄望上帝，相信正義，斷然拒絕。
但奧軍不敵，慘遭敗北。根據 1742 年的《柏林和約》，普魯士
取得石雷吉恩，奧地利只保留一小部分 (Troppau, Teschen,

⬆奧地利與普魯士領土（1740 年）

Jägerndorf)。這是第一次石雷吉恩戰爭（Erster Schlesischer Krieg，1740～1742 年）。

　　從 1625 年以來，石雷吉恩是在奧地利宗主權下波希米亞王國 (Königreich Böhmen) 的領土。從經濟觀點來看，石雷吉恩的人口等於普魯士，但是工業發達（紡織、煉鐵、煤礦），財富資源更遠遠超過普魯士。從戰略價值來看，石雷吉恩地處南部波蘭與奧地利之間，是兵家必爭之地。

　　腓特烈大王入侵石雷吉恩，師出無名，但也不是輕舉妄動，即興之作。老父腓特烈·威廉一世被稱為「軍人國王」，腓特烈大王則自稱是「無愁宮的哲人」(der Philosoph von Sanssouci)。大王能武能文，在他晚年的著作之一《我的時代的歷史》(*Geschichte meiner Zeit*) 中提到這次戰爭。他說：「有很多重要的理由，使我不得不在我執政之初，顯示我的實力與決心，給我的軍隊一個爭取榮譽和給我的人民一個爭取尊嚴的機會，因為歐洲那些微不足道的大小諸侯都以羞辱普魯士而引以為樂。」

　　石雷吉恩是普魯士在與法國和巴伐利亞結盟的情形下取得的。普王搶走石雷吉恩，哈布斯堡王室的奧地利耿耿於懷，不忘雪恥。瑪麗亞·德蕾吉亞與荷蘭締盟，於 1743 年 6 月入侵巴伐利亞。腓特烈大王再一次抓住天賜良機，揮軍突襲波希米亞（1744 年 8 月）。雙方未見勝負，罷兵休戰。但在 1745 年 12 月

25 日簽訂的和約 (Friede von Dresden) 中，奧地利確認石雷吉恩的割讓，歸普魯士所有。這是第二次石雷吉恩戰爭（1744～1745年）。

十年後，普奧爭霸的國際情勢大變。當法、英兩國由於海外殖民地利益衝突，敵我關係升級，又在歐洲尋求盟國的時候，瑪麗亞‧德蕾吉亞聽從宮廷謀士的獻策，放棄傳統的反法立場，締結防禦同盟。另一方面，又與俄國攜手合作──史稱「外交革命」（1756 年）。奧地利的目的是，在外交上封殺普魯士，在軍事上把普王趕回布蘭登堡，瓜分普魯士。

腓特烈大王無法想像有百年以上敵我關係的法、奧兩國，會在一夜之間，泯隙合作。大王更怕他的死對頭俄國女皇伊莉莎白一世（Elisabeth I.，1741～1762 年）與英國結盟，腹背受敵。奧、法、俄三國，那一個單打獨鬥，都不比普魯士弱，何況這二女一男聯合出手？形勢逼人，不能按理出牌，先下手為強。1756 年秋，腓特烈大王率六萬七千大軍侵入奧方的薩克森。七年戰爭（1756～1763 年，又稱第三次石雷吉恩戰爭）於焉展開。七年戰爭共有大小十三次戰役。其中 1757 年的四場會戰，值得一談。

1757 年 5 月 6 日，腓特烈大王由薩克森侵入波希米亞，在布拉格附近展開戰鬥 (Schlacht bei Prag)。普奧雙方各有六萬軍隊

投入戰場，史稱「世紀大戰」。普軍獲勝，但對大局並無影響。
一個半月後（6月18日），腓特烈大王率三萬三千人與五萬四千
奧軍在波希米亞的歌林交鋒（Schlacht bei Kollin，布拉格東）。寡不
敵眾，普軍吃了敗戰，退回薩克森。11月5日，在薩克森的羅
斯巴哈 (Rossbach)，普王戰勝法軍。12月底，在石雷吉恩的勞登
(Leuten)，普王又勝法軍。

　　腓特烈大王原想在發動戰爭之初，取得輝煌戰果，爭取主
動，進行有利的外交談判。在1757年進行的四場戰役中，普王

雖然三勝一敗，但對整個戰局並無決定性的影響。從 1758 年起，戰爭進入僵持狀態。1759 年 8 月 12 日，奧俄聯軍與普軍決戰，普王慘敗，潰不成軍。但是未被消滅，乃至投降。在長達三年四面楚歌的日子裡，大王堅持鬥志，絕不動搖。

　　1762 年 1 月 5 日，俄國女皇伊莉莎白一世逝世，彼得三世繼位。這位精神有問題的沙皇崇拜腓特烈大王五體投地，不理盟友奧地利，於同年 6 月 19 日與普魯士締結盟約。腓特烈大王天數未盡，貴人彼得把他從絕境中救了出來。但是三個星期後，沙皇的老婆教唆軍官情夫發動政變，推翻彼得三世，自己繼位，稱凱薩琳二世（Katharina II.，1729～1796 年，1762 年稱帝）。她原是嫁到俄國的一位普魯士貴族將軍的公主，對婚姻不滿，紅杏出牆，而且是「門戶開放」。彼得三世在獄中被叛變軍官絞死，女皇置之不理，因此老百姓稱她是「謀害親夫的女皇」。凱薩琳二世只要政權，並無意背叛「祖國」德意志。雖然她宣布俄普結盟無效，但力主和平解決紛爭。沒人反對，因為大家都沒錢、也無力再打下去了。1763 年 2 月 15 日，交戰國簽署《胡伯圖斯堡和約》（Friede von Hubertusburg）。七年戰爭結束，一切照舊；薩克森恢復戰前原狀，石雷吉恩以及東普魯士仍歸普魯士所有。

　　七年戰爭是一場沒有勝利者的戰爭；勞民傷財，白白地混戰了七年。雖然如此，腓特烈二世還是這場戰爭的最大贏家。

🔼 俄女皇凱薩琳二世　凱薩琳二世原是普魯士一位將軍 (General Christian August von Anhalt-Zerbst) 的女兒，稱「莎菲公主」(Prinzessin Sophie)。1745 年，也就是第二次石雷吉恩戰爭結束的那一年，在腓特烈大王——基於普魯士外交利益的考慮——安排下，與俄國皇位繼承人彼得結婚。彼得低能痴呆，結婚前患天花，滿臉痘痕。陪伴來俄的母親又因為替腓特烈大王刺探俄國宮中政情，被女皇伊莉莎白一世驅逐出境。但莎菲公主仍決心留在俄國，改信正教，下嫁彼得。彼得不能行周公之禮，莎菲與宮廷護衛隊長歐洛夫暗渡陳倉，生下一子。歐洛夫是當年前往普魯士迎接莎菲公主及其母親的軍官，兩人一見鍾情。1762 年彼得登基後，莎菲用計推翻彼得政權，然後自己戴上皇冠，稱「凱薩琳二世」。

從此普魯士是被奧、法、俄所承認的歐洲強國，沒人再敢以羞辱普魯士來取樂了。腓特烈二世以寡敵眾，轉敗為勝，也因此而贏得了「大王」的稱號。1772 年，普魯士以強國的地位，與奧、俄瓜分波蘭，取得西普魯士（波蘭北部）這片大好土地。東、西普魯士終於統一，腓特烈大王也是貨真價實的「普魯士國王」(König von Preussen)。

　　1740 年「軍人國王」逝世時，普魯士的人口在歐洲占第十三位，軍力卻占第三位，留下了八萬四千人的強大軍隊。腓特烈大王逝世時，普魯士有二十萬大軍，四倍於法國。這是普魯士能夠主動地參與第二次和第三次瓜分波蘭的最大資本。

　　1786 年腓特烈大王逝世，沒有子女，接班無人。德國史書對於腓特烈大王推崇備至，很少提到大王無後這一段風流韻事。民族偉人見不得人的事情，如果不能粉飾，最好避而不談。古今中外，心同此理。但談論大王無後，並不等於對偉人不敬；對於瞭解大王的從政為人也許不無補益。在帝王軼事中有這樣一段記載，姑妄聽之：腓特烈大王繼位前，十六歲時陪同老父「軍人國王」前往薩克森，走訪選王侯「強人奧古斯特」（August II. der Starke, Kurfürst von Sachsen，1670～1733 年）。奧古斯特之所以稱為「強人」，並不是因為他在政治上或軍事上有什麼輝煌成就、過人之處，而是說此侯身體魁梧，精力異常；他的

Jura Jura Jura
Reg.lung. Imp.Ruß Reg. Borus.
et Boh. in Polon. in Polon.
in Polon.

La Situation de La Pologne
en MDCCLXXIII.

Die Lage des Königreichs Pohlen
im Iahr 1773.

子女成群，據說有一百五十名之多！德累斯登 (Dresden) 王宮春色無邊，和它的建築之美同樣出名。強人奧古斯特招待貴賓，拉開帷幕，只見在一張沙發上，一位美女玉體橫陳，一絲不掛。軍人國王趕快轉身，同時用帽子蓋在王子頭上，擋住視線，但為時已遲。在軍人國王斯巴達式的軍管教育下，王子那見過這種香豔場面。在強人奧古斯特的秘密安排下，王子與後宮美女夜夜銷魂，回家以後，王子病了——風流病。從此大王不再接近女色，結婚後也未與王妃 (Elisabeth Christine von Braunschweig-Bevern) 行周公之禮，無嗣而終。

1786 年腓特烈大王逝世，他的侄子腓特烈‧威廉二世（Friedrich Wilhelm II.，1744～1797 年，1786 年稱王），又稱「胖子威廉」(der dicke Wilhelm) 繼位。在內政上，這位普王集中全力，大興土木。今天柏林遊客觀光的重點建築，如布蘭登堡門、柏林皇家劇院等，都是胖子威廉的「傑作」。在外交上，由於法國大革命，歐洲局勢大變。1792 年普奧結盟（2 月 9 日），共同對抗革命的法國。雖然如此，1793 年初普魯士不理奧地利，卻與俄國攜手，進行第二次瓜分波蘭（1 月 23 日）。普魯士取得但澤和

🌐第一次瓜分波蘭（1772 年）：（由左至右）俄女皇凱薩琳二世、奧皇約瑟夫二世、波蘭國王斯他尼斯芬斯二世、腓特烈大王。

⬆第二次瓜分波蘭（1793 年）

⬆第三次瓜分波蘭（1795 年）

杜恩兩市以及波森地區 (Posen)。普魯士共得波蘭領土的百分之
十，俄國百分之四十一，剩下的留給波蘭。1795 年（4 月 5 日）
普魯士又與法國締約言和，在普魯士的保障下，從北德到萊茵
地區維持中立，換句話說，那是普魯士的「勢力範圍」。

　　奧地利認為這是一項不可寬恕的背信行為，但這並不妨礙
普、奧、俄三國聯合進行第三次瓜分波蘭（1795 年 10 月 24 日）。
為了要永遠消滅波蘭人的反普、反俄運動，三強決心徹底瓜分
波蘭。從第三次瓜分中，俄國得到三分之一，普奧各得六分之
一。普魯士從數字上看所得不多，但卻是波蘭的兩個核心省份，
也是普魯士覬覦已久的領土：南普魯士（首府波森）及新東普魯
士（首府華沙）。至此，東、西普魯士、波米爾 (Pommern)、布蘭
登堡和石雷吉恩連在一起，普魯士王國是一個有血有肉的強人
了。

　　普魯士成功的秘訣是：在一個小國寡民、資源缺乏的落後
國家，實行由上而下的權威統治（義務、服從……），用來發展強
大的軍事武裝，作為實力外交的後盾和擴張領土的手段。這也
可以稱之為「普魯士路線」，它有三個要素：1.權威領導，2.龐
大軍力，3.強力外交。腓特烈大王成功地運用了「普魯士路
線」，尊稱「大王」，當之無愧。但他也正因為如此，成為德國
史上的一位問題人物。

　　有些歐美德國史學者認為腓特烈大王、俾斯麥和希特勒是一個模子造出來的，由腓特烈大王經俾斯麥到希特勒是一條直線的歷史發展。德國學者很難接受這樣的論點。有些學者反駁說，腓特烈大王是他那個時代的產物，興兵動武，掠人土地，又不只是他一個人如此霸道，不按理出牌。俾斯麥的帝國和希特勒的第三帝國，也是在當時的時代背景下產生的單一現象，三人之間沒有直線的邏輯關係。瑪堡大學史學教授戴歐在一篇分析這兩個論點的文章 (Ludwig Dehio: "Der Zusammenhang der preussisch-deutschen Geschichte 1640–1945", 1981) 中認為，從 1640 年到 1945 年的歷史不是一條「直線」的歷史發展，而是一條「鏈條」，是由用不同金屬製造的環節所構成的鏈條；把這些不同性質的環節連結起來的，則是強權政治的「普魯士路線」。換句話說，由大選王侯的普魯士王國到希特勒的第三帝國不是一條直線的歷史發展，而是一條鏈條，鏈條上的各個環節確有其內在關連。

五、普魯士軍國主義復活？
──腓特烈大王歸葬波茨坦的爭議

　　普魯士的形成與崛起，是一部經過殖民、征服、侵略而強

大的歷史。正因為這個軍國主義的、非德意志的普魯士統一了德國，「德國問題」因而複雜，德國人的歷史包袱也日見沉重。從 1991 年腓特烈大王歸葬波茨坦的爭議中，我們可以看看德國人對於自己歷史的矛盾心情。

　　1991 年 8 月，臺北報紙連日刊登「腓特烈大帝」歸葬的消息。「大王」到了臺灣變成「大帝」（中文版《大英百科全書》也稱「大帝」），腓特烈大王地下有知，一定會龍心大悅。這是閒話，

⬇無愁宮是腓特烈大王設計建造的夏宮，位於波茨坦，為洛可可式建築。(shutterstock)

書歸正傳。

　　1753 年 1 月 11 日，腓特烈大王寫了一份遺囑。關於後事，他說：「我過著哲人的生活，也希望像一個哲人埋在地下；沒有排場，不要奢侈，也不要任何儀式。屍體不要展示，也不必塗防腐料劑。如果我死在柏林或波茨坦，我無意炫耀自己來滿足人們的好奇。在我死後的第三天子夜埋葬；在手提燈光下，而且不要有人跟隨，把我運到無愁宮 (Schloss Sanssouci)，非常簡單地埋在梯臺頂端右方，我已準備妥當的墓穴。如果我在旅途中去世，就埋在該地。降霜時節，將我屍體運回無愁宮，不要任何儀式。」腓特烈大王不修陵寢，供人謁拜，不要子民跪送靈櫬，他要像一個哲人回歸自然。

　　1786 年 8 月 17 日，腓特烈大王逝世，葬在無愁宮。第二次大戰期間，為了安全起見，軍方將腓特烈大王的靈柩和埋在衛戍教堂的腓特烈・威廉一世（大王的父親、「軍人國王」）的靈柩運往德國南部。

　　德國統一後，霍亨佐倫王室後裔，魯易・菲迪南王子走訪波茨坦，與布蘭登堡邦政府取得協議：二王靈柩歸葬波茨坦。在 1991 年 8 月 17 日子夜，也就是腓特烈大王逝世二百零五年的忌日，舉行改葬儀式。參加人員以王室家族為限，但邀請柯爾總理以王室「友人」身分參加；邦政府從聯邦國防軍中選派

儀仗衛隊護靈。

　　消息傳出後，德國上下，左中右派，學者政客，口誅筆伐，好不熱鬧。

　　無巧不成書。1991 年 8 月也是柏林布蘭登堡門 (Brandenburger Tor) 開門二百週年。因為它是德國分裂與統一的象徵，官方隆重舉行慶祝儀式。

　　布蘭登堡門是腓特烈‧威廉二世（大王的侄子）下令建築的（1788～1791 年），採取古希臘神殿柱廊形式，門上裝有駕四頭馬車（用為競技、凱旋）的勝利女神。

　　布蘭登堡門是一個沒有城牆、沒有城門的「開放的和平之門」。1806 年拿破崙戰勝普魯士，10 月 27 日進占柏林，下令把門上的勝利女神運往巴黎。1814 年當拿破崙在「解放戰爭」中失敗下臺之後，勝者普魯士又把勝利女神運回柏林，但是女神手中加上了普魯士的勝利象徵——鐵十字杖。問題就出在這裡。1991 年 8 月布蘭登堡門開門二百週年的官方慶祝，對於普魯士軍國主義復活的討論，無異是火上加油。

　　腓特烈大王歸葬爭議的重點是，聯邦總理與聯邦國防軍參加改葬儀式是否表示普魯士軍國主義復活？左派分子更理直氣壯地指出：當年希特勒在接掌政權之日，也曾在波茨坦大王靈柩之前舉行隆重儀式，也有國防軍的將兵參加，這豈不是腓特

⬆布蘭登堡門　上方是駕著四頭馬車的勝利女神，手持鐵十字杖。
(shutterstock)

烈大王──俾斯麥──希特勒直線發展的歷史延續!?

　　史學家戈羅‧曼 (Golo Mann) 認為聯邦總理與軍人參加改葬儀式「簡直是無聊透頂!」在巴黎、倫敦人家會想到普魯士的軍國主義在統一的德國復活了。韓福納 (S. Haffner)，這位對普魯士和納粹素有研究的作家也提出質問:「為什麼現在、今天要舉行歸葬?」前年 1990 年，是「軍人國王」逝世二百五十年，五年前是腓特烈大王逝世二百週年，為什麼非「今天」不可!?史學教授莫姆森 (Hans Mommsen) 批評柯爾總理缺少健全的民族意識;二王之中的腓特烈‧威廉一世是一個反德意志的「軍人國王」。執政黨基督教民主聯盟在巴伐利亞的友黨也幫腔反對說，腓特烈大王要安靜地回歸自然，不要任何儀式。總理參加，衛隊護柩，有違大王原意，多此一舉。

　　基督教民主聯盟國會黨團主席提出反駁說，腓特烈大王是全世界公認的一位卓越的君主與哲人;柯爾總理以「私人」身分參加改葬儀式表示敬意，並無不可，不必小題大作。布蘭登堡邦政府也指出，普魯士並不等於軍國主義加上服從根性。人們不要忘記普魯士的宗教寬容和法治精神。

　　十八世紀，那是一個弱肉強食、用戰爭解決糾紛、擴張領土的年代。腓特烈大王興兵動武，不按理出牌，不是就此一家，別無分號。俄、奧與普魯士分別三次瓜分波蘭就是一個最好的

例子。日不落的大英帝國也不是撿來的。但是，法國人對於拿破崙就沒有德國人對腓特烈大王這樣的排斥感。

　　至於在歸葬儀式爭議中把希特勒搬出來，更是牽強附會，以論帶史。1933 年 3 月 21 日，元首興登堡、威廉王子及新選國會議員在波茨坦衛戍教堂舉行隆重國會開幕儀式。新任總理希特勒──在腓特烈大王靈櫬前面──向興登堡握手致意。這表示新舊德國的攜手合作，也象徵「威瑪精神」的結束，納粹時代的開始。史稱「波茨坦日」(Tag von Potsdam)。另外，3 月 21 日也是當年在同一教堂，俾斯麥主持第一次帝國議會開幕之日。這是希特勒與戈培爾精心安排的政治秀，與腓特烈大王的歸葬波茨坦不能相提並論。

　　歷史上的普魯士已不復存在，普魯士的軍國主義也因時代不同而沒有復活的「大氣候」，只是多數德國人對於普魯士的歷史偏見，像一個幽靈，陰魂不散。

　　在十八世紀歐洲國家的君主中，腓特烈大王是一位貨真價實的「開明君主」。年輕時，他熟讀馬基亞維里（Niccolò Machiavelli，1469～1527 年）的《君王論》(Il principe)，不予苟同，著文反駁（1739 年）。在位時，法國哲人伏爾泰應邀來訪波茨

　　◉ 伏爾泰曾接受腓特烈大王的邀請，前往波茨坦作客。

坦，作客三年（1750～1753 年），深受人文主義、啟蒙思潮的影響。作家德恩霍夫女士 (Marion Gräfin Dönhoff) 在討論歸葬爭議的一篇文章中指出，多學習一點「腓特烈大王精神」對於德國人不無益處。腓特烈大王二十八歲繼位，上任的第一天下令兵士不得欺負老百姓。第二天——收成不好，饑荒迫在目前，下令打開官方糧倉，以低價賣給窮苦人民。第三天下令禁止棍打軍校學生。第四天下令禁止對犯人拷刑逼供。第五天下令不准使用暴力募兵。1740 年 6 月 22 日大王宣布宗教寬容政策。

七年戰爭（1756～1763 年），腓特烈大王轉敗為勝。1763 年，當他回到柏林的時候，萬人空巷，翹首以待「大王」歸來。但他卻從邊路溜回無愁宮。七年戰爭，使他深深感到，興兵動武，到此為止。今後應全力從事內政建設。

1768 年，腓特烈大王寫了第二份遺囑。兩份遺囑，書寫的時間、心境不同，但是開頭的第一句話，一字不變：「為自己祖國服務是每一個公民的義務。每一個人都應該意識到，在這個世界上他不只是為自己一個人活著，要為社會的福祉做出貢獻。」所以他說：「我是這個國家的第一位公僕。」

除了強大的軍隊和維護國家利益的外交手段外，腓特烈大王認為一個政府還要有兩大支柱：健全的財政和獨立的司法。腓特烈大王和他父親一樣，把王室費用與國家支出分開，因為

他不是「朕即國家」，而是國家的管理人。腓特烈大王在他 1753 年的遺囑中就明言主張立法、司法獨立。他是歐洲君主中的第一位君主，自己限制國王的立法、司法權力；法律面前人人平等，國王自己也不例外。所有這些，還有前面談到的宗教寬容政策，在十八世紀都是具有深遠意義的「新生事物」。

腓特烈大王是德國史上一位出色的歷史人物。第二次世界大戰期間，他的靈柩易地四次之多。現在德國統一了，腓特烈大王於情於理都應該在他自己選定的地方──無愁宮，獲得安息。

在一片吵鬧聲中，腓特烈大王終於歸葬波茨坦。但是大王歸葬、布蘭登堡門開門二百週年慶祝，還有聯邦國會關於遷都柏林的爭議，在在說明德國人還未找到對於自己歷史的認同。

Chapter 4

德國在那裡？

　　十七、十八世紀，普魯士的君主（如大選王侯、軍人國王、腓特烈大王）審時度勢，發憤圖強，終能使普魯士脫穎而出，躋身列強。腓特烈大王的逝世（1786 年）象徵一個時代的結束，一個革命年代的開始。

　　法國大革命（1789 年），在「德意志帝國」境內雖曾引起陣陣漣漪，但終未能成為動搖國本的風暴。法國大革命，中產階級扮演了主要角色；德意志帝國沒有發生這種情形。法國大革命，有進攻巴黎巴士底 (Bastille) 的「市民革命」，也有「農民革命」四處響應。但德意志帝國境內，貴族、市民、農民，在政治上、經濟上都沒有引起「階級鬥爭」的內在因素。另外，這個不算太小的帝國也沒有一個牽一髮而動全身的首都。從 1789 年到 1806 年左右，只有少數知識分子要「以法為師」，但未能形成大氣候。

　　從法國大革命到俾斯麥建立統一的帝國（1871 年）的八十二年中，專制制度動搖了，人民當家做主已是一個不可阻擋的潮流。在帝國境內，普魯士仍是勢力、領土最大的王國，但在位君主未能審時度勢，相應改革。在對外關係上，普奧關係不再是兩強對立，而是普魯士跟著奧地利走，堅持專制，鎮壓革命。以普魯士為代表的帝國歷史從此進入黯然無光的一章。

一、神聖羅馬帝國壽終正寢

　　法國大革命，從意識形態來看，它要「給全人類以自由和幸福」。從軍事上來看，又必須對歐洲的專制君主進行一場你死我活的鬥爭，這是保障革命成果與維繫革命法國存在的唯一機會。普、奧兩國是歐洲南、北兩大保守勢力，首當其衝。

　　普王腓特烈・威廉二世（Friedrich Wilhelm II.，1786～1797年）主動接近奧國，以期聯合對抗革命法國（第一次反法同盟，1792年3月18日）。1792年4月法國回應宣戰，8月初普奧聯軍攻入法國，在瓦爾米進行戰鬥（Kanonade von Valmy，9月20日），聯軍未能擊敗裝備較差，但鬥志旺盛的革命法軍。這場戰事，雙方死傷不多（法方三百餘人，聯軍二百多人），未分勝負，但從此在歐洲大陸兵禍連年，千萬人頭落地，長達二十年之久。從1792年到1813年這段時間，普魯士在內政上變化最大，在外交上左右搖擺，尋求中立。

　　法國大革命初期，普、法還不是死對頭。在第二次瓜分波蘭之後（《俄普聖彼得堡條約》，1793年1月23日），由於法人支持波蘭暴動（1792年），普王決定要徹底解決波蘭問題。兩害權其輕，不能與法處於戰爭狀態。普王討厭革命的法國，但仍採取

主動，接近法國言和。1795 年 4 月 5 日普法代表簽署《巴塞爾和約》(*Friede zu Basel*)：普魯士撤回軍隊，法軍繼續占領萊茵左岸，北德在普魯士的保障下中立化。

《巴塞爾和約》的簽署等於普國退出第一次反法同盟。盟友奧國深為不齒，在帝國境內也遭受到「愛國者」的猛烈攻擊。但普魯士從此獲得了十年休養生息的機會，也從容地進行第三次瓜分波蘭（1795 年 10 月 24 日）。從領土、人口、資源、戰略地位來看，現在普魯士是一個貨真價實的強國了。

普魯士退出反法同盟後，奧國孤立。法國內情不穩，也期望共存。1797 年 10 月 17 日，在法國的主動下，奧、法簽署了《坎普弗米歐和約》(*Friedensvertrag von Campo Formio*)。奧國獲得威尼斯共和國，但放棄北義大利和比利時。在一項秘密條款中，奧國承諾將來法國永久占有萊茵左岸。

1797 年底，普魯士新王腓特烈・威廉三世（Friedrich Wilhelm III.，1797～1840 年）繼位，在外交上蕭規曹隨，維持「中立」。1798 年法攻埃及引起俄、英不安，結為同盟（12 月），奧國隨後加入，是為第二次反法同盟。就在這個時候，拿破崙（Napoleon I.，1769～1821 年）登臺，任第一執政（1799 年 11 月 9 日）。他要在義大利進行對奧戰爭，打垮第二次反法同盟，並鞏固自己在國內的政權。

　　1800 年 6 月奧、法交鋒，奧國戰敗（Schlacht bei Marengo，1800 年 6 月 14 日），但不影響大局。9 月再戰，雙方對峙，協議停火休戰（Vertrag von Hohenlinden，1800 年 9 月 20 日）。翌年 2 月，法、奧簽署《魯內威和約》（*Friede von Lunéville*，1801 年 2 月 9 日），結束第二次反法同盟。這個和約實際上是《坎普弗米歐和約》的再確認，法國正式取得萊茵左岸——奧國慷他人之慨，獨斷獨行。萊茵左岸的德意志大小諸侯，紛紛給法國外長塔列蘭（Charles Maurice de Talleyrand，1754～1838 年）暗送紅包，都想藉此機會擴大自己的領域和勢力，沒人想到「德意志帝國」的「民族利益」。

　　1803 年以後，「德意志帝國」失去了一百十二個大小領邦、貴族和教會領地以及三百多萬人口。在尚存的四十多個領邦中，普魯士仍是一個勢力最大的王國，有人口一千萬，占帝國總人口的半數（1800 年，二千二百萬）。

　　普王腓特烈·威廉三世，胸無大志，優柔寡斷，也是一位立場不太堅定的和平主義者。他認為治國的基本原則是，對內安定第一，對外以和為貴；不干涉外政，不加入結盟。換句話說，用中立換取和平。普王的「中立」維持了九年（1797～1806 年）。

　　1804 年，拿破崙稱帝，給自己戴上皇冠，表示皇權不再是

「君權神授」，而是出自人民的意願。教皇庇護七世只有觀禮之
分。拿破崙二度梅開，娶奧皇女兒 (Marie Louise) 為后，革命後
的法國又是一個君主國了。但不同的是，中產階級仍是中堅力
量，《拿破崙法典》保障個人自由、私人財產、法律之前人人平
等。

　　從 1803 年起，英法矛盾升級。1805 年初，拿破崙準備侵
英，英國乃聯合俄、奧兩國組成第三次反法同盟。普魯士再度

⊘拿破崙給自己與約瑟芬加冕，教皇在
旁觀禮，從此君權不再神授（1804 年）。

置身事外。奧國打前鋒，9 月侵入德境巴伐利亞，與法軍展開
戰鬥。最後在烏爾姆 (Ulm) 奧軍二萬五千人被俘。法軍進占維
也納。12 月 2 日，在奧斯特里茲（Austerlitz，在摩拉維亞，今天的
捷克中部）展開「三皇會戰」；俄皇亞歷山大一世（Alexander I.，
1801～1825 年）和奧皇弗蘭茲二世（Franz II.，1768～1835 年）率八
萬九千大軍，親自督戰，法方由拿破崙御駕親征，有七萬五千
人投入戰鬥。聯軍大敗，損失二萬七千人，法方只有七千人左
右的傷亡。酣戰四天，雙方停火，簽署《普萊斯堡和約》
（*Friede von Pressburg*，1805 年 12 月 26 日）。奧國失去德意志南部

⬆ 奧斯特里茲戰役後的拿破崙與弗蘭茲二世

和義大利的「勢力範圍」，法國取得迄今占領的土地。這個和約結束了第三次反法同盟，也是神聖羅馬帝國解體的前奏。

在《普萊斯堡和約》簽署之前，普王腓特烈·威廉三世在拿破崙威脅利誘之下，放棄了他的「中立」政策，與法皇簽訂攻守同盟（Offensiv-und Deffensivbündnis，1805 年 12 月 14～15 日）。普魯士放棄西北方部分領土，但取得在英國宗主權下的漢諾威(Hannover)，這樣普魯士王國的領土就可以連成一體了。

拿破崙要進一步調整德意志的領邦關係，乃於 1806 年 7 月，在他一手導演之下，成立了「萊茵同盟」（Rheinbund，1806 年 7 月 12～16 日），南德十六個領邦加入，到 1808 年已有三十九個之多。法國是保護國，同盟成員向法國提供軍隊。

拿破崙拒絕對德意志王朝神聖羅馬帝國給予外交上的承認，並發出最後通牒：奧皇弗蘭茲二世要在 1806 年 8 月 10 日以前摘下帝國皇冠，否則開火。奧皇在戰敗之餘，只有屈服；在最後通牒限期的前四天，1806 年 8 月 6 日，遵命放棄皇位。有八百多年歷史的「神聖羅馬帝國」就此壽終正寢；在帝國境內，沒人反對，沒有引起任何震動，就這樣無聲無息地消失了。在中外歷史上，這是具有「德意志特色」的罕有現象。從此，「德意志王朝神聖羅馬帝國」只是文獻上的一個名詞——德國在那裡？

⬆奧地利哈布斯堡王室的弗蘭茲一世於 1792 年繼位，時年二十四歲。
當時奧法關係由於法國大革命的發生而日趨惡化，終於在同年 4 月 20
日爆發奧法戰爭；斷斷續續，打了二十三年。

弗蘭茲一世於 1792 年 7 月 14 日在阿亨加冕為帝，改稱弗蘭茲二世
(Franz II.)，是「德意志王朝神聖羅馬帝國」第三十六位，也是最後一位
皇帝。在 7 月 14 日這一天加冕為帝，是對法國人的一種挑釁行為，因為
在三年前的 7 月 14 日法國發生了摧毀舊制度的大革命。1806 年，拿破
崙首先拒絕對「德意志王朝神聖羅馬帝國」給予外交上的承認，接著下
令，要弗蘭茲二世限期摘下皇冠。拿破崙氣勢凌人，「趕盡殺絕」，也有
其歷史背景。

二、從「以法為師」到反抗拿破崙

　　普魯士染指漢諾威，使普英關係突呈緊張。就在這個關口，法國與英、俄兩國接觸頻繁，引起普魯士的懷疑與不滿。普魯士與英、俄關係向稱不錯，沒有宿怨。漢諾威的取得只是私相授受，還沒有得到條約上的確認，也沒有理由與英對立。腓特烈‧威廉三世在 1806 年 7 月 1 日又聲明今後將不支持法國反俄。7 月底，正當俄皇有善意回應的時候，普魯士獲悉拿破崙向英國表示退還漢諾威給英國。一怒之下，普王下令動員（8 月 9 日），接著向法國發出最後通牒（9 月 26 日），要求法國退出萊茵左岸地區。法國相應不理。

　　法國大革命不僅是一場政治的、社會的革命，也是一場軍事的革命。拿破崙從 1795 年到 1806 年南征北戰，以寡敵眾，橫掃歐陸，在在說明他在戰略上和戰術上都寫下了新的一頁。法國從 1792 年起實行普遍義務兵役制，在當時的歐洲更是革命的「新生事物」。普魯士軍隊的組織、訓練、作戰還停留在十八世紀的年代。普王自己不是軍事人材，又不知己知彼；沒有準備，沒有盟友（普魯士獨自與法國作戰），沒有戰爭目的，只有藉口，糊里糊塗地就打起來了。

1806 年 10 月 14 日在耶納與奧爾斯特 (Doppelschlacht von Jena und Auerstedt) 展開普法會戰。普方大軍五萬由腓特烈‧威廉三世親自督戰，法方二萬六千三百人以寡敵眾，在數天之內，普軍連吃敗戰，潰不成軍，普王逃往東普魯士柯尼斯堡避難。10 月 27 日拿破崙率軍通過布蘭登堡門，占領柏林。

1806 年當普法正在熱戰的時候，黑格爾（Georg Wilhelm Friedrich Hegel，1770～1831 年）稱拿破崙是超越的「世界精神」(Weltgeist)，是統御世界的「宇宙之靈」(Weltseele)，他祝福法國軍隊——侵略者——萬事大吉！

遊覽德國歷史名城艾爾福特 (Erfurt) 的遊客，一定會參觀在政府大街六號的前「地方長官府」。管理人會驕傲地告訴來訪遊客，一樓朝街拐角的房間是法皇拿破崙與大文豪歌德會晤的地方。

1808 年 9 月 27 日到 10 月 14 日，拿破崙在艾爾福特召開諸侯會議 (Fürstenkongress)。三十四位來自萊茵同盟的諸侯出席，其中貴賓是俄沙皇亞歷山大一世。在會議期間，拿破崙與沙皇數度密談，達成瓜分奧國利益的協議。

拿破崙是 9 月 27 日抵達艾爾福特的，兩天後歌德也從不遠的威瑪趕來。當時他主持威瑪宮廷劇院。歌德和黑格爾一樣，也是崇拜拿破崙到五體投地，歌德形容拿破崙是「神化的英雄」(Halbgott)，怎能錯過這個歷史性的機會!? 10 月 2 日，歌德謁見

⬆ 普法會戰一景

這位征服德意志的皇帝拿破崙。作家歌德，對於這次歷史性的會晤，留下了文字紀錄，值得共賞：

「上午十一點，我被邀見皇帝。一個胖胖的侍從官，波蘭人，叫我稍候。一群人走開了……我被叫入皇帝的私人房間。就在這個時候，達魯 (Daru) 也進來候見。我躊躇不定，當侍從官再次喚我，就進去了。在一張大圓桌，皇帝正在進用早餐。在他的右方，離開桌子稍遠是（外長）塔列蘭，左邊離桌子較近的是達魯，因為皇帝正在和他談論占領軍向居民課收特別稅的問題。皇帝向我招手走近，但我與他仍保持了適當的距離。皇帝把我仔細打量過後說：『你是個男子漢！』我鞠躬致意。他問：『你多大年紀了？』──六十歲了。『你保養得很好。你寫了一齣悲劇？』我做了必要的回答。皇帝接著談了他對《少年維特的煩惱》的讀後感，對某些情節提出了批評性的意見。皇帝問了一些私人瑣事之後，就結束了會晤。」

在整個會晤過程，皇帝拿破崙有沒有賜座？歌德沒有寫，但有圖為證，在此補上一筆。

這是一代文武巨人的會晤，但不是一場歷史性的對話，而是毫無內容的獨白──拿破崙一個人發表高見。但對「耳順」的歌德來說，仍是一場歷史性的會晤，因為他終能拜見這位「神化的英雄」。

↑1808 年 10 月 2 日歌德會晤拿破崙

　　自 1795 年拿破崙橫掃歐陸開始，舊德意志帝國的大部領土
被法國占領，其餘那些所謂「自由的」大小領邦，則甘心情願
地跟著拿破崙走。占人口百分之八十七的農民和城市的小市民，
對政治不感興趣，誰當皇帝給誰納稅。在整個帝國境內，沒人
痛心疾首，雪恥復國。就是呼風喚雨的文豪，哲人也不例外。
在中外史上，這也是具有「德意志特色」的罕有現象。這一現
象與當時的思潮有密切關係，下面再談。

　　1806 年 10 月 27 日，拿破崙進占柏林之後，普法戰爭並未
結束。1807 年初，拿破崙揮軍直搗東普魯士，俄國加入戰場
（第四次反法同盟），雙方各有勝負（Schlacht bei Preussisch-Eylau，
1807 年 2 月 7～8 日；Schlacht bei Friedland，1807 年 6 月 14 日）。拿破
崙與沙皇面談，達成協議，簽署《狄里西特和約》（*Friede von
Tilsit*，1807 年 7 月 7～9 日）。在德意志史上，這是一個劃時代的
條約。德意志人的命運由他人操縱決定，這又是一個典型的例
子。

　　根據這個和約，普魯士王國喪失由三次瓜分波蘭所獲得的
波蘭領土，自易北河西至萊茵右岸由法國侵占。普魯士失去了
一半的領土（十八萬九千平方公里）和一半人口（五百萬人）。

⊙上頁｜1806 年 10 月 27 日拿破崙通過布蘭登堡門占領柏林

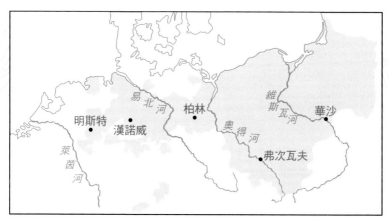

⬆《狄里西特和約》前的普魯士

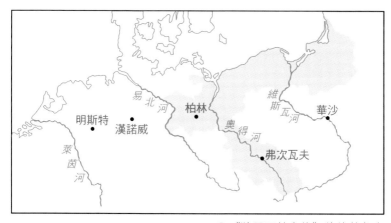

⬆《狄里西特和約》後的普魯士

↑拿破崙與普魯士王后露易絲　拿破崙與普魯士在狄里西特協商的會議中，露易絲曾試圖說服拿破崙，希望將普魯士領土的喪失降到最低，但拿破崙並未接受。

　　在俄沙皇的說項之下，拿破崙同意「普魯士王國」繼續存在。但以占領普國為條件。占領多久，胥視普國何時付清賠款為定。

　　根據《狄里西特和約》，普國賠款一億二千萬法郎，用銀幣（Taler／塔勒）支付，折算為三千二百萬銀幣，以三十個月分期付款方式付清。另外，普國還要擔負十億法郎的占領費用和提供兵源。至 1808 年普國提供了四十二萬人為拿破崙流血奮戰。

對於領土縮小、人口減少的戰後普魯士來說確是難以負荷。為了進行對法戰爭，普魯士在 1806 年底就已經負債五千三百五十萬銀幣，到 1811 年負債高達一億一千二百三十萬銀幣。農業、商業、手工業也因為兵禍連年，苛捐雜稅，一蹶不振。廣大農民、小市民身受其苦，反法情緒，日見高漲。國家到了這般地步，改革必行，自不待言。

從 1807 年到 1812 年是普魯士進行改革的年代。其實拿破崙是普魯士改革的「始作俑者」，因為普魯士必須有一個有效率的政府，才能按期付款，提供兵源。施泰因（Karl vom und zum Stein，1757～1831 年）就是拿破崙向普王腓特烈・威廉三世推薦的。1807 年 9 月底，施泰因接任首席大臣職位，推行改革：實行「耕者有其田」、地方自治和改革國家最高行政組織（由外交、內政、軍事、財政和司法五部組成），施泰因是來自拿騷 (Nassau) 的「外省人」，他認為為了全德意志的利益，必要時可以犧牲普魯士。施泰因的《農民解放諭令》，無異是對普魯士貴族地主的宣戰書，引起莊園地主不滿。施泰因也是一個激烈的反法分子。地主、普王、拿破崙對他都不滿，1808 年底被炒魷魚。哈登貝格（Karl August von Hardenberg，1750～1822 年）繼任推行財政改革，廢除限制工商業的特許權，以及給予猶太人以平等公民的地位。在軍事方面，參加反法戰爭的沙恩霍斯（Gerhard

Scharnhorst，1757～1813 年）建立後備軍制度和實行普遍義務兵役制。在教育方面，洪堡（Wilhelm von Humboldt，1767～1835 年）改革教育制度，提倡學術自由。

　　普魯士的改革，雖然有些措施未能付諸實現，但我們可以看出法國大革命對於普魯士改革的影響。那是少數進步分子，在戰敗之餘，痛定思痛，「師夷之長技以制夷」。這種「以法為師」的改革，顯然與拿破崙的原意相違。法國的占領、勒索、剝削，不僅老百姓痛恨法人，諸多「愛國人士」也開始口誅筆伐，宣揚「民族意識」和「日耳曼人國粹」。瞭解這種現象，要從德意志的浪漫主義談起。

　　從 1770 年到 1815 年的「德意志運動」是包含狂飆突進運動、古典主義、唯心哲學和浪漫主義的時代思潮。首先是一群年輕的作家，對當前社會、專制政治採取批判的態度，開始了所謂狂飆突進運動。歌德參加過此一運動，但他和唯心主義哲學家一樣是德國古典主義的代表人物。德國的古典主義理想承襲文藝復興時期人文主義的傳統，但不具有反宗教、反封建的戰鬥內容；提倡寬容、妥協來解決情感和理智、自由和法則、個人和社會之間的矛盾。古典主義者無力，也不想投入鬥爭，把一切希望寄託在「強人」身上。

　　從十八世紀末開始，德意志的浪漫主義 (Romantik) 逐漸代替

↑歌德

　　了古典主義。德意志的浪漫主義不只是文學上的浪漫主義，也是一個政治上的意識形態，一個與啟蒙思想對立的意識形態，因此它與法、英兩國的浪漫主義有別。德意志的浪漫主義背叛理性、重視想像、訴諸情感、緬懷過去──中世紀的宗教王權、騎士精神以及民間文學遺產。德意志的浪漫主義者要在「過去」尋找民族再生的力量泉源。在英、法兩國，浪漫主義代表進步的革命精神，德意志的浪漫主義卻是消極的、反動的。海涅在他流亡巴黎的時候，發表了《論浪漫派》（*Die romantische Schule*，

1833 年），揭露德意志浪漫派背叛萊辛（G. E. Lessing，1729～1781年）、赫爾德（J. G. Herder，1744～1803 年）、歌德的古典主義的進步傳統，宣揚復辟中世紀精神的反動本質。德意志浪漫派不僅是消極的、反動的，更具有偏激的「民族意識」。作家克萊斯特（Heinrich von Kleist，1777～1811 年）、詩歌家阿倫特（Ernst Moritz Arndt，1796～1862 年）以及哲學教授、柏林大學校長費希特（Johann Gottlieb Fichte，1762～1814 年；1807 年冬發表〈告德意志民族書〉），這些知名人士慷慨激昂、熱情洋溢的著作、詩歌就是明例。從這裡我們也可以看到希特勒思想中某些部分的歷史根源。

三、梅特涅──德意志統一的剋星

從維也納會議（1815 年）到德意志革命（1848 年）這三十三年，在德國史學著作中稱為「三月前期」(Vormärz)，不無突出革命傳統之意。我們可以不必襲用此一分期，提前三年，從另外一個角度來看看這段「三月革命前史」。

俄國沙皇在英、法之間左右搖擺，終因拿破崙侵俄意圖日見明顯，乃於 1812 年 6 月親英結盟。拿破崙不再坐等，決定攻俄。普魯士兩頭為難。在俄、法攻戰的情形下，普魯士是法國作戰的通路，也是後勤重地。更壞的是普魯士要提供兵源。拿

破崙率四十多萬大軍攻打俄國，其中三分之一（十五萬人）來自普魯士。在法軍自俄國敗退的途中，普魯士的輔助兵團司令約克（General von Yorck，1759～1830 年）——將在外，沒有君命——單獨與俄軍協議，保持中立。消息傳來後，普王躊躇不定，但在各方要求之下，於 1813 年 2 月聯合俄國，對法宣戰（3 月 16 日）。自拿破崙攻俄以來，普魯士人心不滿，內亂有一觸即發之勢；對法宣戰，轉移目標，解決內憂。宣戰之初，志願軍已達五萬人之多，而且來自各階層：手工業者百分之四十一點七，工人百分之十四點七，學生百分之七。到 1813 年底已有軍隊三十萬人備戰。

奧國猶豫再三，終於 1813 年 8 月加入俄英普同盟反法。10 月，在萊比錫展開會戰（Völkerschlacht bei Leipzig，1813 年 10 月 16～19 日）。

法軍十三萬八千人面對三國聯軍二十萬人；三天血戰，法方傷亡半數，七萬多人。甫自俄國戰場退下來的敗軍之將拿破崙，寡不敵眾，潰不成軍。參加「解放戰爭」的普魯士能在「一夜之間」報仇雪恥（1806 年普王被法打敗），全國上下，「民族意識」高漲。詩歌作家阿倫特在他向「有責任感的德意志人」的呼聲中，熱情地大喊：「沒有任何的愛要比祖國的愛還神聖，沒有任何的喜悅要比自由的喜悅更甜美。」

⬆1813 年 10 月萊比錫會戰

　　1814 年 4 月拿破崙退位，5 月法國投降（Friede von Paris，
1814 年 5 月 30 日），9 月召開維也納會議（Wiener Kongress，1814 年
9 月 18 日至 1815 年 6 月 9 日）。二百多個帝、王、諸侯、領邦代表
參與盛會，但仍以俄、英、奧、普，還有戰敗的法國為主角。
事實上是四強幕後交易，普魯士未能參與。大會歐洲事務委員
會主席奧國外相梅特涅則縱橫捭闔，操縱大局。

　　維也納會議要恢復法國大革命以前的歐洲秩序，維持以

⬆ 梅特涅

1648 年《威斯特伐利亞和約》為基礎的勢力均衡。關於德意志的未來，梅特涅的構想與普魯士代表和德意志人民的意願背道而馳。在這次反法的「解放戰爭」中，普魯士出錢流血（犧牲了一萬六千人，比俄國二萬二千人少，比奧國一萬五千人多），但屬配角。在歐洲五強之中又是最弱的一個。在梅特涅一手導演的維也納會議上，普魯士心有餘而力不足，再加上德意志各領邦代表為私利而明爭暗鬥，在「德意志問題」上只有聽人擺布了。

梅特涅絕不容忍在歐洲的心臟出現一個以普魯士帶頭的統一德國。他利用維也納會議的大好機會，從領土、組織兩方面下手。

在領土分配方面，奧、俄、英各有斬獲。普魯士要求取得整個薩克森，作為它失去華沙大公國大部分領地（俄國拿去了）的補償。奧國堅決反對，在英、法和德意志諸多領邦的支持下，普魯士只有同意獲得薩克森五分之二的土地；在東北部獲得瑞典屬地前波美恩、但澤和杜恩兩市以及波森公國 (Herzogtum Posen)；在西方分得威斯特伐倫 (Westfalen) 以及萊茵地區。

1815 年以前，普魯士與德意志帝國的西部無血肉關係，它集中全力解決東、西普魯士，侵占石雷吉恩，瓜分波蘭。維也納會議後，普魯士取得德國西北部的威斯特伐倫，特別是萊茵地區。從地理上看不是一個領土完整的王國；東西領土被在英

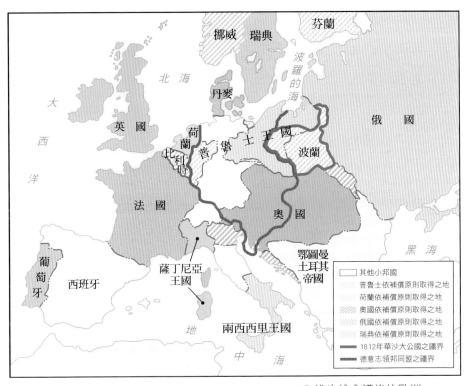

北海

大西洋

挪威 瑞典 芬蘭

波羅的海

丹麥

英 國 荷蘭 普 魯 士 王 國 俄 國

比利時 波蘭

法 國 奧 國

葡萄牙 西班牙 薩丁尼亞王國 鄂圖曼土耳其帝國 黑 海

兩西西里王國 地中海

| | 其他小邦國 |
| 普魯士依補償原則取得之地 |
| 荷蘭依補償原則取得之地 |
| 奧國依補償原則取得之地 |
| 俄國依補償原則取得之地 |
| 瑞典依補償原則取得之地 |
| —— 1812年華沙大公國之疆界 |
| —— 德意志領邦同盟之疆界 |

⬆ 維也納會議後的歐洲

國宗主權下的漢諾威(維也納會議的決定)一切兩斷。普魯士是
參加反法解放戰爭的四強之一,在領土分配不能不有所得,但
梅特涅的主意是普魯士必須是一個四分五裂的二流王國。普魯
士取得萊茵地區,也是梅特涅的壞主意,因為這樣一來,普魯
士就要在西部取代奧國擔任監視法國的任務。

　梅特涅解決了近憂,但他的遠慮卻未能如意兌現,對奧國

來說，是一個致命的後遺症。因為在維也納會議之後，普魯士又有了一個新的歷史包袱有待解決：領土的完整。在那個興兵動武的年代，這又是普魯士侵略成性的歷史因素。另外當時也沒人想到，包括梅特涅自己，萊茵地區是日後普魯士興兵動武的工業重鎮。

從 1813 年對法宣戰以來，普國上下同仇敵愾，出錢流血，希望在戰勝法國以後，把拿破崙攪亂了的德意志重整起來；沒人願意恢復神聖羅馬帝國，但至少能有一個由德意志領邦構成的固定國體。「德意志問題」又一次提到一個國際會議的日程上來，由大家決定。在梅特涅一手導演下，還有德意志領邦的推波助瀾，1815 年 6 月 8 日會議決議成立 Deutscher Bund：中文著作譯為「德意志聯邦」或「德意志邦聯」，這兩種譯法都不無望文生義之嫌。我們先看看這是一個什麼樣的組織，然後再談中文譯名。

在 1806 年萊茵同盟的基礎上成立的這個組織，共有三十四個諸侯及四個自由城市加入（事實上是三十五個諸侯，因為當時匆忙把 Hessen-Homburg 忘了，1817 年才加入）。這個組織沒有元首、首都、軍隊、中央政府，只有一個常駐代表的議會 (Bundestag)，奧國擔任主席。這個議會只能諮商、表決，如果代表意見不一致，就沒有執行決議的能力。事實上，只有在普、奧兩國意見

一致的情形下，才能有所行動。其他成員代表是應聲蟲，不發
生作用。像這樣的一個鬆懈的政治組織，不是我們今天所瞭解
的「聯邦」，也不是「邦聯」，而是一個「領邦共同體」，稱之為
「德意志領邦同盟」也許較為恰當。

　　在戰後土地分配上，奧國得多於失，從它所得的土地來看，
奧國的重心向東移至非德意志地區的波希米亞（捷克）、匈牙
利、加里西里（波蘭東南部）、北義大利以及達爾馬田
（Dalmatien，南斯拉夫西部）。換句話說，奧國脫離了「德意志帝
國」，是一個多民族的國家了。如果有一個統一的德意志國家出
現，奧國勢將失去德語民族而動搖國本。何況普、奧對立的潛
在危機，並未因戰勝拿破崙而消失。成立一個鬆懈的「德意志
領邦同盟」，而且由奧國當家做主，也算「上策」了。正因為如
此，德意志人大失所望。一般中產階級無意為民請命，投身戰
鬥，從此逃避政治，進入所謂畢德麥耶時期（Biedermeierzeit，
1815～1848 年）。畢德麥耶是一個作家的筆名，泛指「小資產階
級」逃避政治，沉醉於文化生活、藝術欣賞、家庭幸福的社會
現象。只有少數大學生從行動中，表示他們對維也納會議未能
解決〈德意志問題〉的不滿情緒。

　　維也納會議給歐洲帶來了將近半個世紀的和平，但在歐洲
內部，特別是在普魯士與奧國，卻埋下了動亂的火種。

⬆畢德麥耶畫家筆下的家庭生活

四、星星之火，未能燎原

維也納會議後不久，1815 年 6 月，耶納大學學生組成「學生聯合會」(Burschenschaft)，提出「榮譽、自由、祖國」的口號。他們使用黑、紅、金黃三色為標誌，因為當年參加反法「解放戰爭」的呂操志願軍 (Luetzowsches Freicorps) 的制服是黑色、紅色鑲邊，金黃色鈕扣。今天聯邦德國國旗就是黑紅黃三色，承襲「革命傳統」。

耶納大學學生聯合會成立後，就出函邀請所有信仰新教的大學同學前來瓦德堡（Wartburg，在德國中南部）集會，紀念馬丁‧路德提出〈九十五條提綱〉三百週年和萊比錫會戰（打敗法國）四週年。各地學生代表五百多人（其中百分之九十六是新教基督教徒，三分之一是神學者），於 1817 年 10 月 18、19 日兩天在瓦德堡集會 (Wartburg Fest)。

大會發表〈瓦德堡綱領〉：德意志統一、領邦立憲、新聞自由、法律之前人人平等。但這「一小撮」五百多名學生和數名教授——德意志領邦同盟有人口三千三百萬——的愛國行動和政治要求，曲高和寡，又與天主教大學及其知識分子劃清界線，在社會上未能引起共鳴，卻招來當道注意，伺機行動。就在這

⬆瓦德堡集會（1817 年）

個關頭，1819 年 3 月 23 日，學生聯合會的一名成員桑德（Karl
Ludwig Sand，1795〜1820 年）刺死一位諷刺學生運動、「反動的」
喜劇作家柯茲甫（August von Kotzebue，1761〜1819 年）。梅特涅找
到藉口，決心鎮壓「德意志革命」。奧國首先與普魯士取得協議
後，才在卡爾斯巴德（Karlsbad，捷克西北溫泉地）召開「德意志

⬆學生桑德刺死「反動」作家及「俄國奸細」柯茲甫從容逃去

領邦同盟」 代表集會， 並於 9 月 20 日通過 〈卡爾斯巴德決議〉：各邦政府派遣大學學監駐校，監視學生、教授；將影響社會秩序、安定的學生開除，教授免職；嚴格執行新聞檢查。根據「曼因茲中央調查委員會」於 1819 年底發表的報告，在這一年之內，屬於異議分子的學生、教授、新聞記者共有一千八百六十七人被判刑下獄、開除或撤職。星星之火，還未燎原就被撲滅了。

1830 年 7 月法國發生推翻專制， 實行君主立憲的革命行

⬆思想家俱樂部　本日集會議程：「允許我們自由思想的日子還有多久？」

動。9 月開始，在德意志領邦同盟境內也有零星「群眾暴動」(Braunschweig, Göttingen, Sachsen, Kurhessen, Bayern, Hannover)，但未成氣候，動搖大局。相反地，記者、作家開始積極活動，影響與日俱增。兩位新聞記者（Jakob Siebenpfeiffer，1789～1845 年；Georg August Wirth，1798～1848 年）發動了當時規模最大的「哈姆巴赫集會」(Hambacher Fest)。

　　1832 年 5 月 27 日至 30 日，有三萬多人（德國史學著作中數字不同，自一萬八千人到三萬人不等）參加，來自社會各個階層（大學生、小市民、農民、手工業者），在哈姆巴赫（法耳茲邦，德國中南部）王宮廢墟集會，紀念巴伐利亞邦行憲十二週年。許多人發

表慷慨激昂的演說，指摘貴族壓迫、群眾貧苦、德國分裂，但是由十八人組成的主席團卻因意見不一，未能通過一個共同綱領；因為有人主張建立大規模的群眾組織，實行民主要求，但多數認為爭取新聞自由、實行君主立憲乃當務之急。至於具體行動就更談不上了。「哈姆巴赫集會」在德國史學著作中占有光榮的一章，因為它是德國史上空前的群眾政治運動。但是雷聲大，雨點小，不了了之。在法國會有另外一種結局。

這回又是梅特涅採取主動。他認為哈姆巴赫集會是在「德意志領邦同盟」境內的「革命瘟疫」，必須根絕。梅特涅與普魯士國王溝通之後，召集同盟代表，通過協議（1832 年 7 月 5 日）：嚴禁政治結社、人民集會，實行新聞檢查，監視異議分子，禁用黑紅黃三色旗幟。

高壓政策，使方興未艾的革命活動無從發展。1833 年初，三十多名大學生、手工業學徒、波蘭軍官進行一次短命的「革命行動」，企圖占領在法蘭克福的「德意志領邦同盟議會」(Bundestag)。在 1832 年底，他們就擬好計畫，要占領這個「反動的」象徵，成立臨時中央政府，宣布共和。但當他們於 1833 年 4 月 3 日剛剛攻進警備所，還未來得及占領議會的時候，就被軍隊鎮壓下去了。

在德意志浪漫主義派演變成為政治上的意識形態的時候，

進攻法蘭克福「德意志領邦同盟」的「革命行動」

從它內部衍生出來一個「青年德意志」派 (Junges Deutschland)。
這派作家在文學上開始接近現實主義，在政治上主張民主、提
高婦女政治地位 、 解放猶太人 （海涅就是這一派的重要人物）。
1835 年 12 月，同盟議會通過決議禁止「青年德意志」作家的
著作與活動。1837 年 6 月，漢諾威領邦諸侯宣布取消 1833 年
的憲法，引起哥廷根大學七位教授的抗議。這封口氣委婉、情
詞並茂的抗議信，引起當道震怒，下令免職，驅逐出境。「七教
授事件」未在學術界得到回應，在社會上亦未發生任何影響，
只是在德國史學著作中占有光榮的一頁，稱為「哥廷根七君子」
(Göttinger Sieben)。德意志為數不多的自由主義者，重「清談」，
少行動；主要企圖通過保障人權的憲法走上自由、平等之路，
要求德國統一的意願還未成熟，「七君子」就是一個例子。在高
壓政策下，許多急進的自由主義分子，逃亡國外，在瑞士、法
國組織革命團體（如「亡命者同盟」、「共產主義者同盟」），從事政
治活動。

　　維也納會議後 ， 南德數邦 （Nassau 1814 年 ， Sachsen-Weimar
1816 年，Baden、Bayern 1818 年，Württemberg 1819 年）公布憲法，
但與法國大革命的理念相去甚遠；議會的人民代表只享有自由
發言權，不能參與政治，生殺大權仍然掌握在國王、領邦諸侯
的手裡。在維也納會議以後，普奧關係不再是對立的敵我關係，

🔼哥廷根七君子　以編纂《格林童話》為人所熟知的威廉・格林（上排左）及雅各布・格林（上排右）兄弟，亦是哥廷根七君子的成員。

而是普魯士緊跟著奧國走——走上反動，鎮壓革命。普國鎮壓革命的措施以及奧國阻止德國統一的政策，未能維持太久，因為德意志逐漸進入一個新的時代——工業化。

　　1835 年 12 月 7 日，德國的第一條鐵路——長達六公里，開始運行。十五年後已建成六千零四十四公里。鐵路建築是德國工業化的標誌，帶動了鋼鐵、煤礦、電機、紡織工業生產以及銀行、股票業的迅速成長。但是當時「德意志領邦同盟」共有四十一個大小領邦，各有自己的幣制、度量衡，特別是不同的關稅制度——進出口稅、過境「釐金」。這種割據狀態對於工商業發展是最大的障礙，必須解決。

↑1835 年，德國的第一條鐵路從紐倫堡到福爾特通車。

　　普魯士王國的領土四分五裂，但在 1818 年就開始實施統一
稅制。根據普國的經驗，而且在普魯士的主動領導下，1834 年
成立了「德意志關稅同盟」(Deutscher Zollverein)，統一稅制。由
十八個領邦（二千三百萬人口）組成，此後大小領邦紛紛加入。
奧國首先全力阻止，最後又有意入盟，但為普魯士斷然拒絕。
這是德意志走上國家統一的重要一步。

　　「德意志關稅同盟」是一個非政治性的組織，它的常設機
構是「代表會議」，所有決議必須全體盟員一致同意，以示大小
平等。但普魯士最強，又是發起人，有權代表關稅同盟對外締

⬇1870 年代柏林一家鋼鐵廠的生產情形

結貿易協定，進行關稅、航海問題的談判。1861 年艾林波代表
團在天津談判締約的時候，清朝大臣崇厚就搞不清這個「布魯
斯」，又加上「德意志公會」是一個什麼樣的番邦，糊里糊塗地
就簽訂了《中德條約》。

　　德意志的工業化，起步較晚，進展亦慢，進展的速度遠遠
落後於人口的急遽增加。從 1815 年到 1860 年，在不到五十年
的時間，人口增加一倍。其結果是失業人口上升，社會不安，
廣大群眾的赤貧 (Pauperismus) 是一個普遍現象。1770 年，一個
家庭成員的工作所得可以維持全家生計，但到 1830 年左右，除
了自己之外，必須要老婆及三個孩子同時工作才能溫飽。而且
每天工作十六小時，就是童工也要工作十二小時。根據萊比錫
當局在 1832 年發表的統計，該地有一千一百四十一名乞丐，其
中一千零四十人是兒童，其他各地城市也相差不遠。這是 1848
年《共產黨宣言》產生的歷史背景。德意志工業化的另一後果
是中產階級的形成，他們開始要求政治參與。

Chapter 5

從「三月革命」到
「德意志帝國」的誕生

一、「三月革命」，不了了之

1789、1830 和 1848 年，法國發生過三次革命；每次都是人頭落地，推翻當道，都有革命成果，也都波及鄰邦德意志。但是在「德意志領邦同盟」境內發生的革命行動，每次都是雷聲大，雨點小，不了了之。1848 年的「三月革命」也不例外。

1848 年法國的「二月革命」，逼走路易・菲力浦，建立第二共和。2 月底首先在南德巴登的曼海姆發生革命性的群眾行動，繼而蔓延到中南地區 (Württemberg, Konstanz, Hessen-Kassel, Hessen-Darmstadt, Bayern)。各邦領主對於群眾提出的「三月要求」（新聞、結社自由、施行刑事陪審制、君主立憲，也有少數人要求共和）不是及時讓步，就是邀請所謂自由人士入閣，局勢因而穩定，沒有流血，也沒有動搖大局。1848 年革命活動的主要城市是奧地利的維也納和普魯士的柏林。

1848 年 3 月 18 日，維也納的革命群眾反對梅特涅，要求行憲，引起軍民衝突。梅特涅見大勢已去，馬上辭職，秘密逃往英國。鬥爭對象倒了，群眾也就不再鬧「革命」了。3 月初，柏林的局勢已呈緊張，群眾騷動四起，軍民也有衝突。當時普魯士王是腓特烈・威廉四世（Friedrich Wilhelm IV., 1795～1861 年，

⊙普王腓特烈・威廉四世靠軍人抵制民主人士

1840 年稱王），是一位出名的「戴有王冠的浪漫主義者」，政治保守，無意繼承父志──實現行憲諾言，允許人民參政。他認為，「對付民主人士只有動用軍隊」。3 月 17 日，群眾提出召開議會的要求。普王內心反對，但形勢比人強，只好承諾。第二天，群眾湧入王宮，要對「進步的」普王歡呼致敬。腓特烈・威廉四世出現在陽臺，但群眾要求軍隊撤出王宮，就在這個關鍵時刻，普王說：「趕快結束這種胡鬧！」於是軍隊開槍。革命群眾痛恨被普王欺騙了，四千多人在柏林市內各地構築街壘，與一

↑1848 年 3 月 19 日的柏林革命

⬆1848 年 3 月 21 日普王手拿黑紅黃三色旗幟遊街，表示支持「革命」。

萬四千多人的軍隊進行巷戰。第二天群眾把在巷戰中死亡的屍體（一共死亡一百九十多人）抬進王宮廣場，普王出現，向死者鞠躬致哀，群眾滿意離去，認為這是「革命」的勝利。

　　3 月 21 日，普王身結黑紅黃三色袖帶，由文武高官及王子陪同，騎馬遊街，群眾歡呼。普王此舉，所為何來？學者評價不一。總之，革命群眾不再鬧事了。在群眾示威，武裝巷戰的

情形下，腓特烈・威廉四世採取讓步政策，但局勢穩定以後，普王又是另外一副面孔。1848 年 5 月底，在柏林的普魯士領邦議會代表有意實現人民的自由要求，但貴族反對，普王也不滿意，於是下令領邦議會遷往布蘭登堡，遠離柏林。群眾憤怒，又有騷動，這回普王有備，動亂很快就被鎮壓下來。領邦境內群眾的革命行動，到此為止，「三月革命」也就如此不了了之。

　　法國二月革命的影響是雙重的。一方面是各地城市的群眾行動和提出「三月要求」，另一方面是自由主義分子和民主人士的議會活動。

　　1848 年 3 月 5 日，來自南德和西德的五十一位自由主義人士在海德堡集會，著手籌備「預備國民議會」，這是「三月革命」的第一個革命組織，準備進行建國程序。3 月底至 4 月初，來自各邦指派的代表五百多人，在法蘭克福的保羅教堂，參加「預備國民議會」。5 月 18 日，第一次由直接、平等、普選所產生的議員（共五百八十五人；出席開幕典禮議員三百三十人），在教堂的響亮鐘聲和群眾的歡呼聲中進入保羅教堂，參加德國史上第一次民選國會的開幕典禮。

　　法蘭克福國民議會又稱「教授議會」，其實以教授為專業的議員不過五十多人。據統計，在五百八十五名議員中，有五百五十人是法官、檢察官、高級行政官員、作家、律師、醫生、

教會人士。只有一名農民代表，沒有工人和中小市民代表。所謂「教授議會」是指議會充滿自由空氣，暢所欲言，言者無罪。但書生論政，仍以理論為主，與現實脫節。左派民主人士要求成立聯邦共和國和臨時革命政權，但在議員中右派的自由主義分子占大多數，左右論壇；他們對領主採取妥協態度，企圖通過與當道的對話來實現君主立憲，進行政治改革。

　　國民議會的任務是制訂憲法和統一建國。當時德意志民族有兩大勢力：普魯士與奧地利。這個君主立憲的「德國」要不要包括奧地利？由誰來當家做主？議員們的討論集中在兩個方案上：

　　「大德意志方案」——包括奧地利。但問題是，德語部分的奧地利，還是這個多民族的整個奧地利？1848 年 11 月，史瓦森貝格（Felix zu Schwarzenberg，1800～1852 年），奧國總理——他和梅特涅一樣，也是一個德意志統一的剋星——發表聲明：奧國決不改變現狀。

　　「小德意志方案」 ——大普魯士。 國民議會主席加格（Heinrich von Gagern，1799～1880 年）建議，在將來建立的德意志聯邦不考慮奧地利，以當時的關稅同盟為基礎，選普王為德意志皇帝。此議未能獲得共鳴。因為「小德意志方案」就是普魯士的擴大，沒人願意放棄既得利益。

　　正在議員諸公對統一德國的大小德意志方案爭論不休的時候，發生了丹麥問題，它對國民議會的影響是深遠的。

　　丹麥問題由史雷斯威—霍爾斯坦 (Schleswig-Holstein) 的歸屬而引起的。這是個聯合公國，由丹麥國王兼治。史雷斯威丹麥人占多數，霍爾斯坦則以德意志人為主，且屬「德意志領邦同盟」(Deutscher Bund)。根據帝國繼承法，只有男子可以繼承王位，丹麥國王克里斯汀八世 (Christian VIII.) 擔心王室無子會失去史雷斯威，乃於 1846 年 7 月 8 日發表一封「公開信」，強調丹麥的繼承法（女子亦可繼承）適用於史雷斯威。「公開信」曾在聯合公國引起騷動，但未成氣候。到了 1848 年初，民族運動情緒高漲的時候，情形不同了。丹王腓特烈七世 (Fredrich VII.) 於 1848 年 1 月繼位，有意修改憲法，行憲範圍包括史雷斯威。聯合公國的德意志人強烈反對，並於 1848 年 3 月 18 日要求丹麥國王同意將史雷斯威—霍爾斯坦併入「德意志領邦同盟」。3 月 21 日丹麥派兵進入史雷斯威。3 月 24 日，德意志反對派在基爾成立臨時政府，雙方發生武裝衝突後，乃於 4 月 12 日向法蘭克福的國民議會求援。

　　丹麥問題是當時德意志民族運動的試金石。對國民議會來說，義不容辭，勢必拔刀相助，但自己沒有兵力，只好請普魯士伸出援手。普王無意出兵助長革命，反對君主，但是當時他

還沒有跟「革命」公開決裂，難以推卻，另外也想藉此機會擴大勢力。德丹戰爭於焉開始。

國民議會討論統一建國和普魯士出兵開戰，這是德意志人民爭取民族獨立的具體表現。歐洲列強不能等閒視之，必須全力阻止。他們對外的理由是：普魯士的武力干涉，破壞歐洲均勢。英國戰艦在北海示威，俄軍開入東部邊境，法使則要求保證德意志大小領邦主權不得侵犯。在英、俄的壓力下，普魯士不得不於 1848 年 8 月 26 日與丹麥簽署停戰協定。國民議會代表聞訊譁然。問題是，國民議會接受停戰協定，等於肯定普魯士先斬後奏，高於國民議會。拒絕，則是與普魯士為敵，影響建國工作，也是反對歐洲列強。國民議會進退兩難的窘境，可以從表決中看出來：9 月 5 日以二百三十八票對二百二十一票拒絕停戰協定，十天後又以二百五十七票對一百六十六票接受。國民議會的這項表決被視為背叛民族利益的行為，成為眾矢之的。民主人士要求解散議會，左派共和分子則於 9 月 18 日衝入議會，兩名右派議員被活活打死。議會代表由普、奧軍隊護送出去，議會及各地暴動又被鎮壓下去。

國民議會在普、奧軍隊的保護下，於 1848 年 10 月繼續討論憲法問題，1849 年 3 月 27 日通過「帝國憲法」，一個左中右派妥協的產物。第一條指出帝國憲法的適用範圍是「德意志領

⚑1848 年 9 月 18 日在保羅教堂的巷戰

邦同盟」的統治區域。第二條規定帝國成員不得與非德意志領邦、國家 (Länder) 合併為一個國家。帝國憲法的這兩條，表示國民議會採納了「小德意志方案」——大普魯士，拒絕了「大德意志方案」，因為奧地利是非德意志的多民族國家。

德丹戰爭發生後，歐洲列強的強硬干涉，還有奧國外相史瓦森貝格決不改變奧國現狀的聲明（1848 年 11 月），在在說明在解決「德意志問題」上，德意志人還不具備當家做主的實力，「大德意志方案」也無法推行。要想統一建國，只有支持「小德意志方案」——大普魯士。國民議會以二百九十票對二百四十八票，選舉普王為「德意志皇帝」。從德皇的選舉中也可以看出「大普魯士」未能引起共鳴，只是在當時的大氣候下，左派民主人士不得不妥協讓步，維持大局。

國民議會的最大成就是制訂「德意志人民的基本權利」，它以法國大革命的《人權宣言》為藍本，有關基本人權，明文保障。這部帝國憲法在當時的歐洲是一部進步的成文憲法，在有關基本人權方面，它又是《威瑪共和國憲法》和《聯邦德國基本法》的楷模。

國民議會通過帝國憲法之後，推選奧皇之弟約翰大公爵（Erzherzog Johann，1782～1859 年）為攝政，代表臨時中央政府，同時宣布解散「德意志領邦同盟議會」。1849 年 4 月 3 日，國

⬆️普王腓特烈‧威廉四世拒絕接受「革命的」皇冠

民議會選舉腓特烈‧威廉四世為「德意志皇帝」，但是這位堅信王權神授的普王，拒絕接受「革命的」皇冠，也不承認帝國憲法。

　　大普魯士的統一建國方案居然栽在普王手裡，書生議員沒有想到。力不從心，無可奈何，只有承認失敗，解散國民議會。1848 年的「三月革命」，從國民議會這個角度來看，也是不了了之。1849 年 5 月，各地發生暴亂，都被普魯士軍隊鎮壓下去。到了秋天，民族運動銷聲匿跡。

　　1848 年的「三月革命」，從城市的革命騷動、「三月要求」來看，那是政治改革的行動與要求，不是法國式的「革命」；沒

有推翻領邦政權、動搖領主的統治基礎，沒有影響貴族地位，
也沒有積極參與政治的中產階級。至於國民議會，則是右派自
由主義分子左右論壇，呼風喚雨，他們反對共和，害怕革命，
要通過與領主諸侯的對話來實現君主立憲，自己沒有落實政策
的實力，軍隊效忠普王。「三月革命」失敗說明：

1. 解決統一建國的「德意志問題」不是德意志人自己的內政，
   法、俄、英干涉阻止，特別是同根生的奧國反對尤甚。德丹
   戰爭就是一個最好的例子。

2. 普魯士還沒有克服來自歐洲列強及奧國的外在壓力和負起統
   一建國的實力。

3. 普王腓特烈・威廉四世拒絕接受「革命的」皇冠，出兵鎮壓
   在薩克森、巴登和法耳茲的革命暴動，這也表示他無意接受
   國民議會的委託，實現統一建國的意思。普王是唯一的「理
   想」人選尚且如此，至於其他的領主諸侯就更不必談了。

　　「三月革命」的任務是行憲建國，要想完成此一雙重任務，
只有革命一途，推翻大小領邦，包括普魯士。問題是，沒有人
想搞這樣的革命，客觀條件也不成熟。「三月革命」以後，政黨
結社興起，工人運動開始。在政治思想方面，重評黑格爾哲學，
馬克思和恩格思發表《共產黨宣言》。「三月革命」的負面影響
是，德意志人不再相信能以自己的力量完成統一建國的願望。

二、俾斯麥與普奧戰爭

　　1815 年維也納會議以後，普魯士以德意志的強國姿態出現。但普魯士仍是一個落後的農業王國，貴族、地主當家，在維也納體制下，王朝的統治右傾反動。從拿破崙時代開始，德意志的民族運動逐漸抬頭，以法國大革命為楷模，要求政治變革，本質上是「左傾」、進步的，但德意志左派民主人士所要求實現的，並不止於自由、平等。因為德意志人民當時還沒有一個統一的、民族的國家，所以德意志的民族運動有兩個內涵：爭取自由平等的政治活動和實現統一建國的民族運動。強國普魯士與德意志的民族運動都在十九世紀初期登上舞臺，兩者的關係從開始就是敵我對立。

　　在鎮壓民族運動、民主人士方面，普、奧兩國迄今合作無間。十九世紀中期以後，德意志的民族運動進入行動階段，此時普奧關係由攜手合作轉為敵我對立，普魯士當道——俾斯麥與左派民主人士的關係由敵我對立轉為攜手合作。

　　腓特烈·威廉四世拒絕接受「革命的」皇冠，但他並非沒有實現「大普魯士」的野心。1850 年初，普王要建立「德意志聯盟」(Deutsche Union)，二十四個領邦表示同意，一百多名前國

民議會代表聲明支持，但各領邦代表在艾爾福特召開的會議（Erfurter Unionsparlament，3 月 20 日至 4 月 29 日）上，意見不一，未能取得共識。5 月 8 日又在柏林召開諸侯會議亦無結果。奧地利以及德意志的大諸侯領邦（巴伐利亞、威滕堡、薩克森、漢諾威）拒絕與會。

　　普魯士的舉動，意圖明顯。奧地利面臨挑戰，不能坐視。奧國總理史瓦森貝格為了阻止「大普魯士」的實現，決心恢復維也納時代的「德意志領邦同盟」(Deutscher Bund)，並有意把哈布斯堡王室所屬的領邦、王國，匈牙利、義大利和南斯拉夫一塊兒帶進「德意志領邦同盟」，實現一個以維也納為中心的多民族的中歐帝國。換句話說，在這個擴大的「德意志領邦同盟」中吃掉普魯士。史瓦森貝格說，普魯士一定要「先削弱，再幹掉！」俄國沙皇也不願意有一個「大普魯士」的鄰邦，堅持維持均勢。奧國在俄國的大力支持下，以戰爭威脅普魯士。形勢比人強，軍事上沒有在必要時進行戰爭的準備，外交上也沒有盟國支持，普魯士不得不與奧國簽署《歐爾米茨條約》（*Vertrag von Olmütz*，1850 年 11 月 29 日），放棄建立「德意志聯盟」，同意在奧國的領導下恢復「德意志領邦同盟」，以及共同協商解決史雷斯威－霍爾斯坦的治理問題。這是一個「不平等條約」，在普魯士朝野上下一片憤怒叫喊聲中，只有俾斯麥唯我獨醒，舉雙

⬆俾斯麥

手贊成。俾斯麥是一位反對革命的死硬右派，他贊成簽署《歐爾米茨條約》，並非「裡通外國」，支持奧國反普。1850 年 12 月 3 日，俾斯麥以議員身分在普魯士領邦議會發表演講，認為在軍事上、外交上，普魯士都沒有進行戰爭的實力，實現統一德意志的時機尚未到來；此時此刻，以和為貴。

普王腓特烈・威廉四世未能審時度勢，輕舉妄動，招來麻煩，自取其辱。俾斯麥力排眾議，為普王解危，堪稱知己。1851 年 5 月，「德意志領邦同盟議會」在曼茵河畔的法蘭克福恢復活動，普王指派俾斯麥為普魯士的常駐代表，與奧周旋。

俾斯麥接任之初，尋求普奧平等，但不久認清奧國的稱霸意圖。1853 年，俾斯麥在寫給普王親信的一封信中說，普奧對立已無妥協餘地，兩者之一必須讓步，或被逼讓步。從這個時候開始，俾斯麥先從外交上採取對付奧國的具體措施。

1854 年，沙皇要求保護奧斯曼帝國境內東正教基督教徒，土耳其政府拒絕，沙皇出兵，引起克里米亞戰爭 (Krimkrieg)。英國為了保持在土耳其的利益，參加對俄戰爭。法國拿破崙三世站在英國一邊，暗想漁翁得利。普、奧都守中立，但普魯士偏俄，奧親英、法，後者想利用這個機會爭取多瑙河諸侯領主（今天的東南羅馬尼亞），從巴爾幹趕走俄國勢力。奧國一心想要稱霸，卻「忘恩負義」，忘記了五年前奧國是在俄國的大力支持

下，才能夠鎮壓匈牙利的革命暴動，維持政權。1855 年，奧國又試圖拉普魯士下水，參加反俄戰爭，俾斯麥嚴守「中立」，奧國陰謀未能得逞。奧國在克里米亞戰爭中的所做所為，為普、俄接近鋪平道路。

1856 年，俾斯麥在寫給柏林的報告中說：「在不久的將來，我們勢將為了我們的生存與奧國決戰，對此我們已無力防止發生，因為事態的發展，已經沒有另外一條路可走了。」在對奧作戰的情形下，普魯士內外都要擁有盟友；在外交方面，俄、法中立是為前提，在內政方面，攘外必先安內，不能兩面作戰，因此俾斯麥決定與左派的民族主義者、民主人士攜手合作。1859 年，俾斯麥在一份報告中說：「只有德意志人民是普魯士可以得到的唯一可靠和持久的同盟者。」用戰爭解決普奧對立，與左派攜手合作，這是俾斯麥在 1871 年建立德意志帝國以前的基本路線。但俾斯麥的言行，引起柏林當道的震驚，認為他走得過遠，是一位危險人物。1859 年俾斯麥被調往聖彼得堡，任駐俄國公使。俾斯麥說，那是「下放」，但在下放俄國的年月中，他與沙皇建立了友誼關係，對俄國的認識更加深入，也是塞翁失馬。

1857 年，腓特烈・威廉四世中風，精神失常，由他老弟威廉親王代行王政。一年後接任攝政。1861 年腓特烈・威廉四世

逝世，威廉親王繼位，不願排名第五，要從頭算起，是稱威廉一世（Wilhelm I., 1797～1888 年，1861 年稱王，1871 年稱帝），時年六十有四。

1848 年「三月革命」時，革命群眾指責威廉親王反革命，他連夜跑到英國，6 月局勢穩定以後才敢回來。威廉一世接任之初，曾試行新政（Neue Ära, 1857～1862 年），但他為人保守，優柔寡斷，無所建樹。軍事改革方案更引起「憲政危機」。

當時普魯士的人口已經由 1815 年一千一百萬增至一千八百萬，但是根據 1814 年的軍事建制，軍隊數量並未擴大。威廉一世提出軍事改革方案，常備軍由十四萬人增為二十一萬三千人，後備兵由四萬人增為六萬三千人，服役年限由二年延長為三年。威廉一世是想藉軍事改革加強王權。正因為如此，在普魯士領邦議會擁有多數席位的自由主義分子──進步黨拒絕通過擴軍預算。雙方僵持不下。政府高官也不予支持，宮廷謀士更以二百年前英國查理一世與議會爭權終被砍頭為例，警告威廉一世及時讓步。就在普王有意下臺的時候，陸軍部長羅恩推薦俾斯麥。威廉一世對俾斯麥沒有好感，但在 1862 年 9 月 22 日兩人談話之後，普王深信俾斯麥是與議會鬥爭、實現軍事改革的理想人選。俾斯麥支持威廉一世，也因為他深信在將來的對奧戰爭中，普魯士要有取勝的軍事實力。

　　1862 年 9 月 23 日，軍事改革預算案再度遭到議會否決。第二天，9 月 24 日，普王任命俾斯麥為普魯士總理兼外長（10 月 8 日）。就職後，俾斯麥在預算委員會發表演說，用堅定的口吻闡釋他的政策路線：「德國所要注意的不是普魯士的自由主義，而是它的權勢。當前的重大問題不是通過演說與多數表決所能解決的——這正是 1848 年和 1849 年所犯的錯誤——而是鐵與血。」俾斯麥要用鐵與血——戰爭來解決普奧對立，但通常為人所忽略的另外一半是，俾斯麥也同時提出與自由主義分子合作的暗示：今後普魯士政府不會再鎮壓自由主義分子，而是兩者攜手合作，實現民族統一國家。

　　俾斯麥上臺以後，大刀闊斧進行軍事改革，無視議會，不理輿論。俾斯麥認為，法律只有在國王與議會一致同意之下，才能生效。但普魯士憲法並未明文規定在雙方對立的情形下如何處理，這是憲法上的一個漏洞。國家政務不能因而中止，政府在國王與議會取得協議之前，必須繼續工作。基於俾斯麥的「漏洞理論」(Lückentheorie)，普魯士的憲政危機長達五年之久（1862～1866 年）。在這五年之中，俾斯麥不理議會，只聽從威廉一世，但這位普王也被俾斯麥牽著鼻子走。在 1866 年普奧戰爭以前，俾斯麥還不是「鐵血首相」，而是一位不折不扣的「獨裁首相」。1865 年，英國外相稱俾斯麥是「俾斯麥王一世」。

⬆「真正的普魯士王是俾斯麥」

　　俾斯麥登臺任相，發表鐵血演說，象徵普奧對立進入一個新的階段。1863 年 8 月 17 日，奧國皇帝約瑟夫一世在法蘭克福召開諸侯會議，討論「德意志領邦同盟」的改組問題，也就是通過談判，擴大這個領邦共同體，削弱普魯士。俾斯麥阻止威廉一世赴會。沒有普魯士的參加，奧帝計畫落空，普奧對立

升級。這個時候又發生了丹麥問題。

丹麥國王腓特烈七世於 1863 年 1 月 15 日逝世。新王克里斯汀九世 (Christian IX.) 無視 1852 年的《倫敦協議》，決定將史雷斯威 (Schleswig) 併入丹麥版圖。俾斯麥也有同樣企圖，但時機不到，不便明言。對外他理直氣壯地聲明維護《倫敦協議》（丹麥國王只能兼治史雷斯威－霍爾斯坦聯合公國，但不得將史雷斯威併入丹麥版圖），以期避免英、法、俄插手干涉。另一方面因為霍爾斯坦 (Holstein) 屬於「德意志領邦同盟」，丹麥國王也是此一同盟的成員，俾斯麥又與奧國聯合，共同解決丹麥問題。在這場糾紛中，奧國不想靠邊站，於是普、奧兩國步調一致，要求丹麥國王收回成命，後者置之不理，1864 年 2 月 1 日第二次德丹戰爭爆發。普、奧以五萬七千人投入戰場，丹麥小國，面對二強，又無外援，終於敗北。1864 年 10 月 30 日交戰國簽署《維也納和約》，丹麥放棄史雷斯威－霍爾斯坦，由普、奧共管。《維也納和約》後，又因聯合公國公爵腓特烈八世引起繼承問題，普、奧達成《哥斯坦協議》(*Gasteiner Konvention*，1865 年 8 月 14 日)：普魯士接管史雷斯威，奧地利治理霍爾斯坦。表面上，在這場戰爭中雙方都有所得，但是霍爾斯坦被普魯士包圍，地小又遠，鞭長莫及，是個包袱。對普魯士來說，取得在北方的優勢，自由主義分子的歡呼。對俾斯麥來說，它是此後製造

對奧糾紛的伏筆，但還沒有尋釁動武之意。俾斯麥的策略是，最危險的敵人放在最後解決，當前的首要問題是解散「德意志領邦同盟」，釜底抽薪，使奧國失去反普的活動地盤。

《哥斯坦協議》是俾斯麥與奧國的一位公使所達成的。奧皇並不滿意，因為對於聯合公國的主權所屬問題沒有規定，要求交與「德意志領邦同盟議會」解決。俾斯麥認為這是違反《哥斯坦協議》，於是派兵進入根據協議由普魯士統治的史雷斯威。1866 年 6 月 9 日，並要求用直接、平等、普選改選同盟議會，目的在排除奧國。奧皇則動員「德意志領邦同盟議會」制裁普魯士的「非法行動」（6 月 11 日）；十三個領邦，其中包括南部的大領邦，站在奧國一方，十七個北部小邦支持普魯士，同盟議會以九票對六票通過制裁普魯士案，普魯士宣布退出「德意志領邦同盟」。1866 年 6 月 5 日普奧戰爭 (Deutscherkrieg) 開始。關於戰爭的責任問題，學者評論不一。事實是，俾斯麥處心積慮，採取主動，史雷斯威－霍爾斯坦的爭執終於導致戰爭。

奧國有二十八萬三千人與二萬六千薩克森軍隊投入戰場，普魯士動員二十五萬四千人參加戰爭。普奧戰爭有三個戰場：

◀ 普魯士為慶祝 1864 年德丹戰爭勝利，在柏林興建了勝利紀念柱 (shutterstock)

↑1866 年 7 月 3 日科尼戈雷茲會戰，普王威廉一世視察前線，身後為俾斯麥。

南德、義大利和波希米亞。7 月 3 日，普軍與奧薩聯軍在波希米亞北部的科尼戈雷茲進行決戰（Schlacht bei Königgrätz，捷克地名：Sadowa），雙方共有四十五萬軍隊參加戰鬥，傷亡高達四分之一，奧軍敗北。普方的毛奇將軍（Helmuth Karl Bernhard von Moltke，1800～1891 年）運用「包圍殲滅戰術」，但得勝原因與普軍擁有鐵路（運兵）、電報（通訊聯絡）和新式步槍（後膛萊福槍，每分鐘連射七發，奧軍步槍每分鐘只打二發）等進步科技不無關係。

　　俾斯麥進行對奧戰爭的前提是爭取盟友，在外交上封殺奧國。開戰前夕，1866 年 4 月 8 日，普魯士與義大利締結為期三

個月的軍事同盟 (Govene-Vertrrg)。俄、奧兩國由於巴爾幹的爭執
已形成對立關係，英國自顧不暇（Domino of Canada，1867 年），
而且普魯士還未破壞歐洲均勢，不會插手干預。至於法國，拿
破崙三世相信普奧之戰不可避免，更深信普魯士一定會吃敗仗。
法國屆時出面調停，或許可得萊茵左岸為酬。俾斯麥洞悉法皇
野心，早在 1865 年 10 月 4 日在法國會晤拿破崙三世，取得
「中立」默許。出乎法皇意料之外，吃了敗仗的不是普魯士，
而是奧國。7 月 5 日，科尼戈雷茲決戰後的第二天，普軍正在
向維也納推進中，拿破崙三世要求出面調停。俾斯麥不能拒絕，
與法使談判，達成協議：解散「德意志領邦同盟」，在普魯士領
導下重組德意志領邦，奧國除外。南德領邦有成立自己組織的
權利。史雷斯威北部人民投票決定歸屬 （Waffenstillstand und
Vorfriede von Nikolsburg，1866 年 7 月 26 日）。有一點，俾斯麥沒有
明言指出，就是在戰後吞併那些跟著奧國反對普魯士的重要領
邦。對俾斯麥來說，這個協議的核心思想是，吞併北部各邦，
實現「大普魯士」；不侵犯南部領邦主權，從德意志的勢力範圍
中排除奧國以及阻止法國惹事生非。

　　威廉一世與軍方人士對於俾斯麥的做法深表不滿。普王要
乘勝直追，割地賠款。俾斯麥又一次力排眾議，以中世紀以來
的歷史為例，說明「德意志問題」德意志人之所以不能解決就

是因為外力干涉，全面阻礙，不能再蹈覆轍。如果趕盡殺絕，破壞均勢，勢將引起列強干預，節外生枝，不如適可而止，見好就收，因為戰爭的目的已經達到：解散由奧國控制的「德意志領邦同盟」，另組「大普魯士」的領邦共同體。在俾斯麥與法使達成協議的基礎上，普、奧兩國於 1866 年 8 月 23 日簽署《布拉格和約》(*Friede von Prag*)：解散「德意志領邦同盟」，奧國賠款四千萬普魯士金幣。

普魯士是普奧戰爭的大贏家：

1. 領土擴大，戰後普魯士吞併支持奧國反對普魯士的幾個領邦 (Hannover, Schleswig-Holstein, Kurhessen, Nassau) 和法蘭克福自由市，普魯士的領土又連成一氣。

2. 「德意志領邦同盟」解散，奧國從此退出德意志的勢力範圍，結束自 1815 年維也納會議以來的普奧對立，轉變為普魯士獨霸的局面。

3. 成立大普魯士的「北德聯邦」（Norddeutscher Bund，1866～1870年）。

北德聯邦是根據俾斯麥與十七個北德領邦簽署的《八月協議》（*August-Bündnis*，1866 年 8 月 18 日）在普奧戰爭的砲火聲中誕生的。它以普魯士為主，有二十二個北部中小領邦加入。普魯士在聯邦中共有二千四百萬人口，其他領邦成員加在一起不過

六百萬。

　　北德聯邦是在統一德國之前的一個過渡性的領邦共同體。它的憲法是在這個前提之下制訂的；有些地方含糊矛盾，有違常理，但它是俾斯麥的精心傑作。這部憲法一直適用到1918年。

　　北德聯邦是一個「聯邦」組織，但它的憲法卻稱「帝國憲法」(Reichsverfassung)，議會稱「帝國議會」(Reichstag)，最高行政長官又稱「帝國首相」(Reichskanzler)。北德聯邦不是帝國，所以最高元首不能稱帝，只好暫時委屈一下，採用一個中性名稱「聯邦主席」(Bundespräsidium)。

　　帝國憲法規定，帝國議會要根據普選、直接、平等原則選出（在當時這是非常進步的。在普魯士仍施行以財富多寡為準的五級選舉制，其實這是表面文章），有審核、通過預算權，與「聯邦議院」(Bundesrat) 共同行使立法權，如此而已。聯邦的最高權力機構是由各領邦代表所組成的「聯邦議院」，有權參與立法，發布行政命令，調解領邦之間的糾紛。在「聯邦議院」中，普魯士有四十三票中的十七票（以領邦大小計算），等於擁有否決權，因為修改憲法要有三分之二的票數才能通過。領邦成員只擁有司法、文化、教育、建設等不關痛癢的主權。北德聯邦的最高元首是主席，同時也是普魯士國王，掌握軍事大權，也有權宣布戒嚴

──這是主席與議會、憲法衝突時的一張王牌。主席也有權宣戰、媾和、結盟；在與「聯邦議院」聯合行動的情形下，又有權召集、中止或解散議會。主席任命「帝國首相」，而「帝國首相」不對「帝國議會」負責，只以王命是從。自 1867 年起，俾斯麥出任北德聯邦的「帝國首相」，兼普魯士領邦的總理及外長，又是「北德聯邦議院」的議長。「聯邦議院」發布的行政命令，要有議長副署才能生效。俾斯麥的政治地位如日中天，可以說是一人之下，萬人之上。不過上面的那一位也不能當家做主。

　　普奧戰爭旗開得勝和北德聯邦成立以後，俾斯麥在普魯士深得人心，左中右派衷心擁護，普魯士領邦議會通過追認提案 (Indemnität)，即俾斯麥不理議會所採取的一切政治措施，議會都在事後追認同意。「帝國首相」堪稱「俾斯麥一世」。

三、在砲火中建立的「德意志帝國」

　　進行對奧戰爭，以期解散由奧國控制的德意志領邦同盟，成立大普魯士的北德聯邦，是俾斯麥處心積慮，一手策劃的參謀作業。至於 1870 年的普法戰爭和 1871 年德意志帝國的建立，則是形勢使然，並非俾斯麥的計畫行動。

　　從德意志的歷史中，俾斯麥得到的教訓是，德意志人之所以不能解決德意志問題，主要是由於外力干涉。在實現統一建國的過程中，如何避免列強干涉，這是俾斯麥外交政策的核心。在歐洲列強之中，法國的舉動，牽一髮而動全身，必須全神貫注，小心處理。在俾斯麥的對外政策中，對法關係又居首位。

　　1866 年 7 月 5 日，普奧戰爭科尼戈雷茲決戰後的第二天，法使與俾斯麥談判結束普奧戰爭的和約時，同意普魯士建立北德領邦共同體，但堅持南德領邦（奧國除外）要有成立自己組織的權利。法國的意圖是一分為三：北德、南德、奧國，普魯士不能獨霸。俾斯麥欣然接受，否則破壞歐洲均勢，引起列強干預，後果堪憂。但事實是，普奧戰爭以後，奧國退出德意志的勢力範圍，活動轉向東南。南部領邦不成氣候，未能形成反普魯士的對抗力量，而普魯士已經稱霸，呼風喚雨了。法國是又怕、又妒、又氣；氣的是調停普奧和解，空手而返。法皇拿破崙三世處境尷尬，思有所動。

　　1865 年俾斯麥在法會晤拿破崙三世時，後者表示在普奧戰爭的情形下，有意出面調停，也想得到「報酬」，但法皇難以啟口直言，只有暗示法國擴張領土的地方不外比利時或盧森堡(Luxemburg)。俾斯麥未置可否，法皇以為默許。盧森堡大公國在荷蘭國王宗主權下，曾是「德意志領邦同盟」成員，但未加

入「北德聯邦」，在首都有普魯士軍隊駐防。1867 年 3 月，法皇與荷蘭國王交涉，要以購買方式取得盧森堡。荷蘭徵求普魯士同意，俾斯麥在民族情緒高漲的情形下，也無意促成這筆交易。為了避免刺激法國，這個棘手問題最好交由國際會議處理。5 月 7 日至 11 日，英、法、普、俄、奧在倫敦會議取得協議：保證盧森堡的獨立與中立，法國放棄收購，普魯士撤回駐防軍隊。法皇又一次鎩羽而歸，一無所得。但心有不平，不肯就此罷休。

從盧森堡問題到普法戰爭開始，俾斯麥在公私函件中一再表示，法國遲早要發動戰爭，德意志的統一必須用武力才能解決，但他不同意進行一場可以避免的戰爭。俾斯麥的原則是用和平手段來達成戰爭目的；保持對話，避免開戰，必要時則有備而戰。盧森堡問題以及 1869 年俾斯麥拒絕巴登 (Baden) 加入北德聯邦的申請，在在說明俾斯麥儘量避免刺激法國，節外生枝，還談不上尋釁開戰。

導致普法戰爭的原因，可以說是微不足道，事出偶然。但由此而引起的後果，就時空而言，都影響深遠。

自 1868 年 9 月起，西班牙王位虛懸，西班牙首相在寫給普魯士王威廉一世——霍亨佐倫王室的族長——的信中，建議由霍亨佐倫王室支系的里奧波德親王 （Leopold von Hohenzollern-

Sigmaringen，1815～1898 年）繼位。俾斯麥贊成與法國西邊的西班牙建立友好關係，普王點頭同意。

　　當 1870 年 7 月 1 日這個消息傳出之後，引起巴黎朝野的震驚與憤怒，特別是新聞輿論。法國人又想起十六世紀哈布斯堡王室，卡爾五世從東西兩面夾擊法國的歷史。西班牙王位繼承問題成為法國生死存亡的頭等大事。法國政府馬上發動外交攻勢。

　　7 月 6 日、12 日，法使兩度走訪正在巴德‧艾姆斯 (Bad Ems) 渡假的威廉一世，要求普魯士放棄由里奧波德親王繼承西班牙王位。普王猶豫不決，施展拖延戰術。7 月 12 日——據說那是威廉一世的意思——里奧波德親王宣布放棄繼承王位。普王認為繼位事件就此了結。但第二天（7 月 13 日），法使三度走訪普王，代表法國政府要求威廉一世宣布里奧波德親王放棄繼承王位，同時書面保證今後西班牙王位不能由霍亨佐倫王室提出人選繼承。普王不滿法使咄咄逼人的無理要求，拒絕當晚再度接見法使給予答覆。威廉一世把他與法使交談經過用電報通知在柏林的俾斯麥，並請考慮是否要在報上發表此項消息。俾斯麥把冗長的電報刪減潤飾之後，在電報開頭加了一句：「當西班牙王國政府將霍亨佐倫王室王儲放棄繼承的消息正式通知法國帝國政府之後……」（艾姆斯急電，Emser Depesche）。這樣一來，

⤊1870 年 7 月 12 日「艾姆斯急電」：法使與德皇在艾姆斯晤談。

對普魯士人來說，法國無理取鬧，逼人太甚。對法國人來說，
法皇鎩羽而歸，自取其辱。拿破崙三世時運不濟，內政上問題
重重，外交上一籌莫展。艾姆斯急電如果打掉牙連血吞，在國
內不無引起革命的危險，對普開戰可以避免內政危機，維護國
家聲譽。其實這是問題的一面。法國決心一戰的原因，不外是

由於普奧戰後，普魯士稱霸中原，法國感受強鄰威脅；再加上調停普奧和平，空手而返，妒恨交織，耿耿於懷。7 月 19 日，法使在柏林向俾斯麥面交法國政府開戰聲明。從 7 月 14 日到 7 月 19 日，不到一個星期，法國倉促決定對普開戰，情緒重於理性。

普法戰爭開始後，普軍未能旗開得勝。但 9 月 2 日普軍在色當 (Sedan) 包圍法軍，翌日十餘萬法軍投降，法皇被俘。兩天後，在巴黎發生革命，宣布共和，成立國防政府，運用人海戰術繼續抵抗。普軍自 9 月 19 日開始包圍巴黎，至 1871 年 1 月 28 日投降言和。普魯士動員四十六萬二千步兵、五萬六千騎兵參戰，法方共有五十三萬六千人投入戰場，但死亡人數卻高達十三萬九千人，三十八萬四千法軍被俘，普方僅有四萬一千人犧牲戰場。在歐洲歷史上，這是第一場人民對人民的戰爭，法德世仇從此開始。

色當會戰是這場戰爭的轉捩點。巴黎雖然成立國防政府繼續抵抗，但法國必敗已成定局。當前的問題是在什麼樣的條件下結束戰爭，戰爭結束後又怎樣處理德意志問題。這不是軍方的事，俾斯麥開始插手，一把抓。

色當投降後，巴黎新政府外長有意談和，俾斯麥堅持法方割讓艾爾薩斯及洛特林根 (Elsass und Lothringen)，談判破裂。俾

⬆ 1870 年 9 月 2 日法皇拿破崙三世向威廉一世投降

斯麥在 9 月 13 日及 9 月 16 日發出的兩個 「傳達文件」 中指出，普法世仇開始，法國終有一天會重啟戰端，雪恥復仇。因此，艾爾薩斯和洛特林根是監視法軍行動的前哨，是普方軍事安全的保障。俾斯麥在考慮如何結束普法戰爭的同時，與德意志南部領邦進行統一談判。

　　法國向普魯士宣布開戰之後，普魯士朝野上下，德意志不分南北，歡呼若狂，支持開戰。南部領邦不分大小，不分宗教信仰，不為領主利益，全部加入普軍並肩作戰，一致對外，這

在德意志歷史上，確是「新生事物」。俾斯麥說：「填平祖國南北由於王朝情感、歷史因素、生活方式等原因在歷史上形成的鴻溝的最佳辦法，就是與許多世紀以來一直侵略我們的那個鄰邦進行一場全民族的戰爭。」

1870 年 10 月及 11 月，俾斯麥採取各個擊破戰術，分別與南部領邦在北德聯邦的憲法基礎上，談判統一建國問題。黑森及巴登 (Hessen, Baden)，沒有異議，於 1870 年 11 月 15 日加入北德聯邦。威滕堡 (Württemberg) 較難，巴伐利亞 (Bayern) 最難。俾斯麥威脅兩邦，如不同意加入，則從關稅同盟中除籍，經濟孤立；南方百分之九十的出口貨物無法通過普魯士領地運至海港。如果加入北德聯邦實現統一，可獲得某些特權。根據《十一月協議》（*Novemberverträge*，1870 年），威滕堡享有郵政、電報及維持有限度軍隊的特權。至於巴伐利亞，在「聯邦議院」擁有六票（普魯士十七票），並擔任副議長；享有經營郵政、鐵路特權，平時可有常備軍，戰時可獨立自派代表談和。另外巴伐利亞王每年得到三十萬馬克的財政支持。俾斯麥是「一國兩制」的鼻祖。

《十一月協議》達成後，俾斯麥又與普王進行統一談判。威廉一世寧願當普魯士國王，不想當皇帝，因為他無意斷送普魯士，當歷史罪人。1871 年 1 月 18 日預定舉行皇帝登基

(Kaiserproklamation) 典禮。一直到典禮的前一天，威廉一世才表示讓步，他說：「明天是我一生中最不幸的一天，我們要為普魯士送葬。俾斯麥伯爵，這都是你的錯！」但是帝銜問題仍未解決。威廉一世拒絕「德意志皇帝」(Deutscher Kaiser) 這個沒有內容的空銜，他要當「德國皇帝」(Kaiser von Deutschland)。俾斯麥期期以為不可，因為它含有實現大德意志方案的內涵。在典禮儀式上，巴登大公爵——也是威廉一世的女婿，帶頭高呼「皇

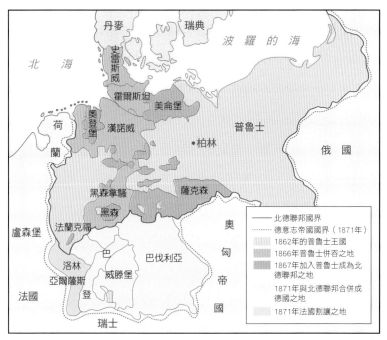

⤊德國統一過程

🔼1871 年 1 月 18 日在凡爾賽宮明鏡廳普王威廉一世登基。俾斯麥（身穿白色軍裝）宣讀登基詔書，右前方巴登大公爵帶頭高呼「皇帝威廉」萬歲。 這是一幅虛構的油畫 ， 完成於 1877 年 ， 畫家是魏納爾 (Anton von Werner)。

帝威廉」萬歲，暫時結束一場風波。典禮完成後，「皇帝威廉」從俾斯麥身旁走過未予理睬，與其他將領握手道別離去。

　　一百七十年前（1701 年）的 1 月 18 日，普魯士選王侯在柯尼斯堡加冕為（東）普魯士國王，稱「腓特烈一世」。1871 年 1 月 18 日，普軍還在包圍巴黎，雙方浴血苦鬥，普王威廉一世登基稱帝。一般史書都認為這一天是「德意志帝國」的誕生。但是一直到這一天還沒有人知道這個帝國叫什麼，帝國的皇帝怎麼稱呼，帝國的憲法是個什麼樣子。「德意志問題」——統一建國，終於獲得解決。但是這個「德意志帝國」並未受到德意志人民的振臂歡呼，作家、詩人也沒有文字歌頌。威廉一世登基的動人畫像是事後虛構的。

　　在砲火中誕生的這個德國稱為 "Deutsches Reich"，中日文著作都譯為「德意志帝國」——「第二帝國」。德語 "Reich" 這個字有國、王國、帝國等諸多意義，要看用在什麼地方。根據德國史學著作的說法——沒有例外，這個 "Deutsches Reich"（德意志國），一共存在了七十四年：帝國四十八年，威瑪共和十四年和納粹德國十二年。威瑪共和與納粹德國都沒有「皇帝」，從國家憲法、政治結構和意識形態來看，也不是德意志歷史上的「帝國」(Kaiserreich)。中譯「德意志帝國」，把德國人的說法打個折扣，只能指 1871 年到 1918 年這段「帝國」歷史，因此這

本書《德意志帝國史話》也就談到 1918 年為止。

　　德意志帝國憲法於 1871 年 4 月 16 日公布生效。它是北德聯邦憲法的翻版，僅作文字上的必要修改，基本精神不變：北德聯邦改為「德意志帝國」，「聯邦主席」改稱「德意志帝國皇帝」。

　　「德意志帝國」是一個聯邦國家，共有成員二十五個領邦：四個王國 (Preussen, Bayern, Sachsen und Württemberg) ； 六個大公國 (Baden, Hessen, Mecklenburg-Schwerin, Mecklenburg-Strelitz, Oldenburg

Deutschlands Zukunft.

Kommt es unter einen Hut? Ich glaube
es kommt eher unter eine Pickelhaube

◔德意志帝國──大普魯士

und Sachsen-Weimar-Eisenach)；五個公國 (Anhalt, Braunschweig, Sachsen-Meiningen, Sachsen-Altenburg und Sachsen-Coburg-Gotha)；七個諸侯領邦 (Reuss ältere Linie, Reuss jüngere Linie, Schwarzburg-Rudolstadt, Schwarzburg-Sonderhausen, Lippe, Schaumburg-Lippe und Waldeck) 及三個自由市 (Hamburg, Bremen und Lübeck)，共有人口四千一百萬人，普魯士占人口的百分之六十（二千四百萬人），面積的百分之六十五。國家軍隊的三分之二是普魯士人。

「帝國議會」根據普選、直接、平等原則選出，有審核、通過預算權，與「聯邦議院」共同行使立法權。「聯邦議院」代表各邦，除與帝國議會共同行使立法權外，與皇帝聯合可解散議會，對外宣布戰爭、媾和、締約。「聯邦議院」按領土大小共有五十八票，普魯士占十七票，等於否決權，因為有十四票就可以阻止修憲、通過軍事、稅制法案。

「德意志帝國皇帝」同時是普魯士國王，世襲，掌有陸海軍權及外交權，對外代表帝國，任命「帝國首相」。「帝國首相」同時是普魯士王國的總理，兼「聯邦議院」議長，以王命是從，不對議會負責。皇帝及「聯邦議院」發布的行政命令要有「帝國首相」簽字副署才能生效。根據憲法，帝國沒有中央政府，沒有內閣；只有一個外交部，但是沒有外交部長！換句話說，帝國首相是個光棍首相，一把抓。這也是具有「德意志特色」

的帝國憲法，俾斯麥的傑作。表面上，「德意志帝國」是一個進步的君主立憲國家，實際上則是一個現代化的「封建王朝」；「帝國首相」處於強人地位，呼風喚雨，左右政局。俾斯麥實現了德意志人百年來的統一願望，但在建國伊始，也埋下了「德意志悲劇」的種子。俾斯麥一手建立的「德意志帝國」對德國人來說是福是禍，史學界迄今爭論不休。

Chapter 6
俾斯麥時代（1871～1890年）

　　創業維艱，守業更難。俾斯麥明白這個道理，他在一手建立「德意志帝國」之後，全心全力地要守住這個帝國大業。對內，安定統一，不容危害；對外，避免戰爭，維持和平。這是俾斯麥自 1871 年擔任帝國首相以來執政的基本立場。

　　在外交上，俾斯麥合縱連橫，得心應手。在巴爾幹危機頻傳和在德法戰爭的潛在因素未能消除的情形下，歐洲過了二十年的和平日子，俾斯麥功不可沒。但在內政上，俾斯麥在執政前期，對天主教發動「文化鬥爭」，妥協結束，兩敗俱傷。在執政後期，對左派社會民主黨進行「圍剿」，一敗塗地，飲恨下臺。

　　根據憲法，帝國首相是「一人之下，萬人之上」，不對議會負責。但是這位沒有內閣、「兩肩挑」的單幹首相，能否保住相位，受到了兩個條件的限制：

1. 皇帝可以隨時下令免職。取得皇帝的完全信任，是為首要條件。

2. 首相的重大政治措施要取得議會同意，在擁有議會多數黨派的支持下，才能為所欲為。兩者缺一不可。

　　皇帝威廉一世對俾斯麥的跋扈作風，有一肚子苦水，但還是採取「你辦事，我放心」的放任態度。至於議會，俾斯麥始終能在不同的情況下，取得不同黨派的支持。但是到了 1888 年

情況不同了。新皇威廉二世繼位，與祖父威廉不同，他要「自己當家做主」。議會中的左中右派，也不再支持首相的反潮流政策。俾斯麥苦撐年餘，終於掛冠求去，結束「俾斯麥時代」。

一、議會政黨

德意志帝國成立以後，才有全國性的政黨，但是這些政黨（社會民主黨除外）都沒有政黨組織、政綱、黨紀；這些政黨是地方名紳以及職業團體中有聲望的人士基於相近的政治觀點和世界觀而組成的政治團體。人民除了選舉帝國議會之外，未被納入政黨組織，參與政治。帝國首相由皇帝任免，不對議會負責，沒有內閣，因此在帝國議會中也沒有執政黨與在野黨之分；政黨只能對政府，也就是對俾斯麥的提案投票贊成或反對。這是具有「德意志特色」的議會政治。

帝國議會的政黨不少，但除社會民主黨外，其他各黨各派，合而又分，分而又合，變來變去，不是由於政見分歧，原則不同，而是個人利益和策略考慮。帝國議會的政黨大致可分為下面五個政治團體：

1.保守派

a.德意志保守黨 (Die Deutschkonservative Partei) 原是普魯士邦議會中由不同保守派系結合而成的政黨，代表貴族地主利益，信仰新教，重視傳統，支持君主統治，贊成三級選舉制，對帝國的建立持有懷疑態度。帝國建立後，分裂為新舊保守兩派；1873 年以後，兩派又攜手合作，支持俾斯麥，維護君主立憲，反對社會民主黨。自 1878 年至 1907 年，在議會中有五十至八十名議員。

b.自由保守黨 (Die Freikonservative Partei) 又稱帝國黨 (Reichspartei)，是 1866 年從德意志保守黨中分化出來的政黨，代表大地主、大企業家利益，擁護帝國，支持俾斯麥的文化鬥爭、保護關稅政策、鎮壓社會民主黨以及軍事預算案。在議會中有二十至三十名議員，只有在第四屆議會（1878 年）時，占有五十七個席位。

2.民族自由黨 (Die Nationalliberale Partei)

1866 年由進步黨中分裂出來的，自由主義人士的右翼政黨，代表中產階級、知識分子、地主、企業界及銀行界的利益；主張君主立憲，富國強兵以及對波蘭等少數民族進行日耳曼化政策，要求經濟成長和自由經濟。1877 到 1878 年以後，因俾斯麥實行保護關稅政策而分道揚鑣。在

1871、1874 及 1877 年的議會中，占有一百二十五至一百五十五個席位，從 1878 到 1890 年俾斯麥下臺，降到四十二至九十九個席位。

3.左翼自由黨派 (Linksliberale)

主要有五個黨派：

a.進步黨（Fortschrittspartei，1871～1884 年）

b.德意志自由思想者黨 (Deutsche Freisinnige Partei)，是由進步黨與「自由主義聯盟」(Liberale Vereinigung) 結合成立，不支持俾斯麥，影響甚微。1893 年決裂，分別成立 c、d。

c.自由思想者聯盟 (Freisinnige Vereinigung)

d.自由思想者人民黨 (Freisinnige Volkspartei)

e.進步人民黨 (Fortschrittliche Volkspartei)，左翼自由黨派主張建立法治國家、議會政治，擁有手工業者及自由職業者的社會基礎。俾斯麥下臺，左翼自由黨派與進步人民黨合併，才有了共同的政黨組織。

4.中央黨 (Das Zentrum)

德意志帝國的建立，是實現小德意志方案——大普魯士。新教勢力日大，自由主義抬頭，天主教會感受威脅。1870 年底，在普魯士領邦議會的天主教派系結合成立「中央黨」，參加第一屆帝國議會選舉，代表天主教會及天主教徒

的利益。中央黨在帝國議會與魏爾芬 (Welfen)、波蘭、艾爾薩斯 (Elsässer) 及丹麥等少數民族黨派聯合反對帝國、反對俾斯麥，因此俾斯麥稱之為「帝國政敵」。從第二屆帝國議會（1874 年）起，到俾斯麥下臺，中央黨的席位不斷增加，在九十名至百名之間，是議會中影響較大的政黨。

5.社會民主黨 (Die Sozialdemokratie)

1875 年兩個社會民主主義黨派 （Der Allgemeine Deutsche Arbeiterverein， 1863 年及 Die Sozialdemokratische Arbeiterpartei， 1869 年） 合併成立 「德國社會主義工人黨」 (Sozialistische Arbeiterpartei Deutschlands/SAPD)。1891 年起改稱「德國社會民主黨」(Sozialdemokratische Partei Deutschlands/SPD)。一般通稱社會民主黨。

根據 1875 年的政綱，除了批判資本主義性格，強調工人運動的國際性質和工人解放運動要靠自己的觀點還與馬克思主義有關連之外，社會民主黨主張以合法手段實現工人生產合作社，一切選舉施用直接、平等、普遍原則，義務教育，正常工作時間以及以民兵代替常備軍等要求。這個以合法手段實現帝國內部政治改革的政綱，遭到馬克思的無情攻擊，俾斯麥更視社會民主黨為「帝國政敵」，進行圍剿。

二、「文化鬥爭」

「文化鬥爭」是 1871 年至 1887 年普魯士邦與天主教會之間的權力鬥爭。俾斯麥是主角，但是始作俑者卻是羅馬教廷。

1864 年，教皇庇護九世（Pius IX.，1846～1878 年在位）從教廷立場為文攻擊自由主義在政治、文化、經濟方面的政治思想 (Syllabus errorum)。1870 年梵蒂岡大公會議宣布教皇在信仰、倫理問題方面「永無謬誤」，同時發表 1864 年教皇攻擊自由主義的「訓詞」。普魯士新教的自由主義人士認為教皇的「謬論」是對現代民族國家和精神文化的挑戰。左翼自由主義者更進而指出，基督教義與現代自然科學的認識不相符合，教皇在信仰問題上怎能「永無謬誤」!? 普魯士自由主義人士認為這是歐洲自由主義思潮與羅馬教廷死硬教條在文化範疇內的嚴重鬥爭。1871 年初，帝國建立後，各地進行第一屆帝國議會選舉活動。進步黨建黨人之一的魏爾紹醫學教授 （Rudolf Virchow，1821～1902 年）在一張選舉海報上首次提出「文化鬥爭」(Kulturkampf) 的選舉口號，揭示選舉政綱是與教廷進行自由主義與教廷教條主義的「文化鬥爭」。

在中文著作中，有人認為「文化鬥爭」與文化無關。這是

↑俾斯麥與天主教會的「文化鬥爭」

從俾斯麥的立場來看這場鬥爭。對於大公會議教皇「永無謬誤」以及教皇有關批判自由主義的言論，俾斯麥嚴守中立，沒有表態。當天主教會對反抗「永無謬誤」的知名人士、政府官員予以破門懲罰的時候，俾斯麥認為帝國主權受到侵犯，不能坐視，有意藉此機會調整教會與國家之間的關係，因為自中世紀以來，教會對於子民的出生、死亡、結婚、教育等大事一把抓，當道不得插手干預。俾斯麥主張政教分家，教會不得干涉政治。就在這個時候，1871 年初，中央黨成立。由於天主教會與羅馬教廷的隸屬關係，俾斯麥認為中央黨是羅馬教廷伸入帝國的一隻

黑手，是一個國際政黨，危害帝國利益，因而視為「帝國政
敵」。

　　1871 年 3 月 3 日，第一屆帝國議會選出，在三百二十個議
席中，支持俾斯麥的民族自由黨得一百二十五席，自由保守黨
得三十七席，超過半數。社會民主黨只有兩名議員，但中央黨
旗開得勝，贏得六十三個議席，七十二萬四千張選票（百分之十
八點七），再加上同路人少數民族黨派（魏爾芬黨七席，波蘭黨十四
席）二十一席，在帝國議會擁有八十四個議席，是一個不可輕
視的反對力量。中央黨的勝利，使俾斯麥在第一屆議會選出後，
積極實施政教分離的有關措施。

　　1871 年 7 月 8 日，俾斯麥下令撤銷普魯士邦政府文化部的
「天主教事務處」，同年底公布「教壇條款」（Kanzelparagraph，
12 月 10 日），禁止神職人員在從事神職活動時談論國事，危害
國家安全。

　　1872 年初，普魯士邦政府公布《學校教育管理法》
（Schulaufsichtsgesetz，3 月 11 日），即公私學校不受教會管轄，屬
國家行政主權。同年夏，接著公布《耶穌會士禁令》
（Jesuitengesetz，7 月 4 日），禁止耶穌會在普魯士境內設立分會落
腳，因為耶穌會教士在東普魯士的學校提倡波蘭文化，反對普
魯士的統治。俾斯麥對天主教會的鬥爭態度堅決，1872 年 5 月

14 日在帝國議會演講中說：「我不去卡諾薩請罪，肉體不去，靈魂也不去！」1873 年，「文化鬥爭」進入主要階段，反對教會的主要武器是《五月法令》（*Maigesetze*，5 月 11～14 日）：神職人員要在大學學習三年，並參加包括哲學、歷史及德國文學的「文化考試」；教會任用神職人員要取得政府同意；神學院要接受政府監督；教徒有權退出教會。違反《五月法令》的神職人員，政府有權限制其活動範圍或驅逐出境（Expatriierungsgesetz，1874 年 5 月 4 日）。

1874 年 1 月 10 日，第二屆帝國議會選出，民族自由黨大勝，由一百二十五個席位增至一百五十五個。但中央黨在俾斯麥對天主教會的高壓政策下，反而增加三十名議員，共得九十三個議席，少數民族的三個黨派共得三十四個席位。對俾斯麥來說，這是紅色信號。政教分離的措施，必須利用議會多數，加緊進行。

自十一世紀以來，結婚是天主教會七件「聖事」(Sakrament) 之一；白頭偕老，不准離婚。在英國自 1653 年，在法國自 1792 年起，結婚已經不屬於教會的「主權」，歸政府辦理。德意志帝國於 1874 年 3 月 9 日在全國施行 《民事婚姻法》(Zivilehe)：出生、結婚、死亡都要向政府辦理登記，准許離婚再嫁。1875 年初，教皇庇護九世宣布德意志帝國及普魯士邦政府

所公布的一切反天主教會的法令無效。俾斯麥的答覆是，政府停止支付對天主教會的財政支持。這個法令的名稱直譯是《麵包筐籃法》（*Brotkorbgesetz*，4 月 22 日），意思是把裝有麵包的筐籃高高掛起，讓人吃不到糧食。另外政府依法有權監察教會財產。

正當「文化鬥爭」節節升高的時候，庇護九世「升天」，里奧十三世接任教皇（1878 年 2 月 20 日），派代表與俾斯麥交涉結束「文化鬥爭」。俾斯麥也發現他對中央黨以及天主教會對帝國的威脅估計過高，也有意妥協。自 1880 年起帝國政府採取和緩政策，修正法令。1887 年 5 月 23 日，里奧十三世正式宣布「文化鬥爭」結束。

「文化鬥爭」的成果是，在全國施行《民事婚姻法》及《教育行政管理法》。但「文化鬥爭」長達十七年，積極鎮壓也有十年之多，在帝國創建伊始，集中全副精力鬥爭「帝國政敵」，不但未能奏效，其對帝國及社會所帶來的創傷與後果，更是得不償失。對帝國來說，「文化鬥爭」是不幸的內政發展。

三、圍剿左派

俾斯麥認為，從意識形態來看，社會民主黨是一個國際性

的政黨組織，其目的是進行革命，推翻當前政權。它和中央黨一樣，裡通外國，都是「帝國政敵」，不能坐視。但是社會民主黨在第一屆帝國議會只有兩名議員，第二屆（1874 年）增為九人，還不成氣候。兩害取其輕，首先對付中央黨與天主教會進行「文化鬥爭」。但 1878 年威廉一世兩度遇刺，情況有變。

　　1878 年 5 月 11 日，一個名叫賀德爾（Max Hödel，1857～1878 年）的年輕人槍殺皇帝威廉一世未中。兇手是一個精神有問題的鈑金工學徒，曾加入過社會民主黨，但在行刺時已被該黨開除，兩者毫無關連。早在 1874 年及 1875 年，俾斯麥就曾

⬆1878 年 5 月 11 日皇帝威廉一世遇刺，兇手槍擊未中。

向議會提出新聞法草案以及增加刑法「煽動階級仇恨」懲罰條款，民族自由黨議員以危害新聞自由權利為由拒絕。現在皇帝遇刺是一個大好機會，不能錯過，八天後就向議會提出禁止社會民主人士法草案。俾斯麥操之過急，草案漏洞百出，議會以二百五十一票對五十七票拒絕（5 月 24 日）。

1878 年 6 月 2 日，威廉一世二度遇刺，身中兩槍重傷。兇手歐畢林（Karl Eduard Nobiling，1848～1878 年）是一位哲學博士，反對「文化鬥爭」，但也是一個反社會主義者，與社會民主黨也毫無關連。老皇威廉平易近人，受民愛戴，兩度遇刺，群情譁然。新聞媒體一口咬定這是社會主義分子所幹的卑鄙勾當。知名右派歷史學者如特萊斯克（Heinrich von Treitschke，1834～1896 年）更發表專著《社會主義與暗殺》，推波助瀾。對俾斯麥來說，這是天賜良機，可以藉此機會徹底修理社會民主分子，但在議會中一向支持俾斯麥的民族自由黨反對鎮壓社會民主分子法令，俾斯麥必須另外尋求友黨，所以在皇帝二度遇刺的九天後，6 月 11 日，就解散議會，提前改選。

俾斯麥與民族自由黨不得不分道揚鑣，還有另外的原因。從 1873 年起，德國經濟不景氣，工人運動激化，同時大規模的企業利益團體紛紛成立，如「德國企業家聯盟」（1873 年）、「經濟與稅收改革委員會」（1876 年）、「德意志保守黨」（1876 年）。

它們在代表農業、企業利益和保護關稅的共同基礎上反對自由主義的經濟政策。1878 年初，有二百零四名議員聯合組成超黨派的「帝國議會自由國民經濟聯盟」 (Freie Volkswirtschaftliche Vereinigung des Reichstages)，要求保護貿易，其中保守兩黨、中央黨占多數，也有二十七名民族自由黨人參加。保護關稅政策勢在必行，這也與改善帝國財政稅收有密切關連。

　　第四屆帝國議會於 1878 年 7 月 30 日選出，民族自由黨不得人心，失去三十二席，只有一百零九名議員。保守兩黨由七十八席增為一百十六席，影響大增。中央黨仍維持九十四名議員，兩派聯合，在議會占有多數，支持俾斯麥圍剿左派。

　　10 月 21 日，帝國議會通過《鎮壓社會民主主義危害社會

🔼 俾斯麥「箭頭瞄準社會民主黨；如果擊中，穿過目標怎麼辦？」（後面是自由主義人士）（Wilhelm Scholz，1878 年）。

秩序法》(*Gesetz gegen die gemeingefährlichen Bestrebungen der Sozialdemokratie*)，簡稱《鎮壓社會民主分子法》(*Sozialistengesetz*)。根據這個法令，一切企圖以社會民主主義的、社會主義的或共產主義的行動綱領推翻當前政權、破壞社會秩序的政治結社禁止活動；集會、慶祝、遊行、印刷品亦在禁止之列。社會民主黨的幹部只能在指定的地方居留，如有必要則驅逐出境，撤銷社民黨人的印刷廠及飲食業的營業執照。

《鎮壓社會民主分子法》依俾斯麥的原案，要無限期施用，議會修正以三年為限；一延再延，直到俾斯麥下臺，才予以廢除（1890年）。在這十二年中，共有一百五十五種期刊及一千二百種宣傳手冊被禁，九百多名社會民主黨人士被驅逐出境，一千五百多人因為違反《鎮壓社會民主分子法》從事政治活動被判刑共達一千年之多。從此，社會民主黨與群眾脫節，失去活動基礎。

俾斯麥說：「如果我不想要雛雞的話，那我就必須把那些生雞的蛋都打碎。」雞蛋打碎了不少，但小雞是越生越多。在俾斯麥的圍剿政策下，那些「沒有祖國的亡命之徒」（威廉一世語）和無產階級工人空前團結，社會民主黨日益壯大。1881年第五屆帝國議會選舉，社會民主黨得選票三十一萬二千張，1884年增至五十五萬，1887年續增為七十六萬三千，到了俾斯麥下臺

的 1890 年，已高達一百四十二萬七千張選票（百分之十四點一）。用高壓政策排除異己，用圍剿手段消滅政敵，不得人心，也不能達成目的，中外一樣，最後還是搬起石頭砸了自己的腳。俾斯麥的《鎮壓社會民主分子法》是繼「文化鬥爭」的一大敗筆，它給帝國的政治、社會所帶來的後遺症是深遠的，也是不幸的。

俾斯麥一方面鎮壓社會民主分子，另一方面又積極推行社會福利政策，爭取工人階級，使社會民主黨失去憑藉，「在沒有資產的廣大群眾中，促進保守意識。」俾斯麥說：「一個有養老金的人比沒有這種希望的人容易滿足，也容易治理。」

在德意志帝國建立的時候，由於德國工業的急速發展和人口遽增，無產階級已經形成，社會問題日趨嚴重。當時除了社會主義者外，經濟學家（Gustav Schmoller，1838～1917 年；Lujo Brentano，1844～1931 年）也提出建議，改善工人處境。1871 年第一個社會福利法《勞動事故賠償保險》公布實施。1876 年設「救濟基金」。但社會福利政策的主要法令是：1.《醫療保險法》（1883 年 6 月 15 日），2.《事故保險法》（1884 年 6 月 27 日），3.《傷殘、養老保險法》（1889 年 5 月 24 日）。

當時輿論形容俾斯麥的社會福利政策是「甜點加鞭子」(Zuckerbrot und Peitsche)。「甜點」是指社會福利政策，「鞭子」是《鎮壓社會民主分子法》。俾斯麥並非只是想用「甜點」收買人

👆俾斯麥社會福利政策宣傳海報：「德意志的社會福利保險，在全世界堪稱楷模，史無前例。」

心。他也要同時表示，是這個帝國，不是社會民主黨，有力為工人解決生老病死的大問題。俾斯麥期望這些吃了「甜點」的工人們能夠自動地放棄「錯誤」觀點，不再支持社會民主黨及其活動。俾斯麥釜底抽薪的想法未能如願，用中國話說，那是用肉包子打狗，工人吃了「甜點」並未因而支持俾斯麥，擁護帝國。因為《鎮壓社會民主分子法》那條長鞭也同時無情地鞭擊了工人運動。社會民主黨及工人階級深深相信：解放工人只有靠自己。

四、結盟體制

　　德意志帝國的成立，改變了歐洲面貌，帝國無論在人口、面積、經濟、武裝各方面都遠超過法國或奧國；地處歐洲中間，舉足輕重。帝國建立後，俾斯麥一再聲明，德意志帝國「心滿意足」，對外無意擴張勢力，沒有領土野心。俾斯麥要守住這個帝國大業、鞏固內部統一，對外全力避免戰爭，維持和平。但是德意志帝國在砲火中建立的同時，也埋下了法德戰爭的種子。法國至 1873 年提前付清五十億法郎賠款，全力進行軍事改革；那是項莊舞劍，意在德國。法國戰敗後的十年，共和分子與君主立憲派兄弟鬩牆，無暇對外，但法德戰爭的潛在因素並未消失。

　　在對奧、對法戰爭時，俾斯麥以俄國為後盾。如果帝國建立後在對法關係上，仍然只與俄國接近，勢將過度依賴，失去自主，也可能捲入英俄矛盾之中。更壞的是逼使兩個戰敗者法奧結盟。因此俾斯麥的外交政策重心是孤立法國，即防止法國與其他歐洲列強結盟，同時避免一面倒向俄國。在這個構想下，俾斯麥首先要在德奧之間建立橋樑。

　　從 1871 年冬起，奧國總理及外長易人，外交政策重心移向

巴爾幹，需要外交後盾，有意與德國接近。俾斯麥未表同意，因為此時德奧結盟可能引起俄法合作，最好德、俄、奧三皇結盟，奧國不以為然。當奧國向英國尋求合作碰壁之後，奧皇約瑟夫於 1872 年 9 月訪問柏林，會晤德皇。俄沙皇亞歷山大二世（Alexander II.，1855～1881 年在位）聞風趕來，一探究竟。三皇會晤，因俄、奧意見不同，沒有結果。

　　1873 年 5 月 6 日，應俄要求，德、俄簽訂軍事協定：在一方受第三國攻擊時，另一方給予軍事協助。俾斯麥的條件是，奧國必須加入。奧國拒絕「軍事協定」，不願因此引起對英矛盾，因此奧皇與俄皇另外簽署一個政治協定：在共同利益問題方面相互協商，在受戰爭威脅另訂盟約時先行洽商。德皇於 1873 年 10 月 20 日簽字加入，史稱「三皇協議」(Dreikaiser-Abkommen)。俾斯麥的想法是孤立法國，和緩俄奧關係，以免在兩國為巴爾幹權益正面衝突時做敵友的選擇。「三皇協議」未能發揮預期作用，由於巴爾幹危機，俄奧緊張關係不斷升高。

　　1875 年 3 月，法國下院通過《軍事幹部法》，常備兵力不變，但在戰時可因動員而擴大軍力。這是屬於軍事改革方案之一，並非針對德國，馬上要興兵動武，雪恥復仇。雖然如此，俾斯麥並不放心，有意警告法國，到此為止，不能繼續進行增強武力的措施。4 月 8 日，俾斯麥的「喉舌」——《郵報》發

表〈戰爭在望？〉一文，問：「法國政府通過《軍事幹部法》，是否是報復戰爭的準備？」其他報紙也為文響應，推波助瀾。俾斯麥見好就收，發表談話說，戰爭並不在望，以為就此了事。但毛奇等高級軍事將領在與法、比大使的私人談話中，表明德國有意對法進行先發制人的戰爭。俾斯麥於 4 月 25 日鄭重聲明，德國無意進行任何戰爭。但是法國卻利用矛盾，藉機報復，透過英國《泰晤士報》於 5 月 6 日刊出 "The French Scare" 一文，要求歐洲列強出面防止德國對法進行先發制人戰爭。英、俄表態，支持法國。俾斯麥再度聲明，毛奇談話並非政府決策，保證德國絕不興兵動武。一場風波終於擺平。從這個「戰爭在望」事件 (Krieg-in-Sicht-Krise) 中，俾斯麥得到的教訓是，在歐洲，德國要謹言慎行，一不小心就會引起猜忌，導致反德同盟。

　　從 1875 年起發生「東方危機」(Orientkrise)。俄、奧兩國在巴爾幹都有特殊權益，於 1876 年 7 月 8 日達成瓜分巴爾幹的秘密協議。1876 年夏，當土耳其拒絕施行改善基督教徒處境的改革方案時，俄國對土耳其開火，土國戰敗，接受俄國條件，簽訂《聖斯特法尼和約》（*Friede von San Stefane*，1878 年 3 月 3 日）。這個和約侵犯了英國權益，也超出俄、奧之間的秘密協議。奧國不滿，英艦也在馬瑪拉海面（歐洲土耳其與小亞細亞之間的海面）示威，巴爾幹情勢頓呈緊張。俄國請俾斯麥出面斡旋。

俾斯麥認為在俄國泛斯拉夫主義日漸高漲，有反德親法傾向，已經到了左右俄沙皇及其外交政策的地步，必須收斂住腳。因此俾斯麥欣然接受，並在議會宣稱：「我調停和平，不是做裁判員，對不同的意見說誰對誰不對，……我要謙虛地做一個誠摯的掮客，使生意圓滿成交。」

1878 年 6 月 13 日，召開「柏林會議」(Berliner Kongress)，經過一個月的交涉協商，德、英、俄、法、奧、義、土於 7 月 13 日簽署《柏林和約》：塞爾維亞、孟特尼哥羅及羅馬尼亞 (Serbien, Montenegro, Rumänien) 獲得主權自治，奧匈帝國在波斯尼亞及黑澤哥維那 (Bosnien, Herzegowina) 有權占領及治理，保加利亞維持在蘇丹統治下的公國地位，英國在塞普路斯有占領及行政權。俄國雖然得到一些領土 (Andahan, Batum, Kars, Bessarabien)，但不得不放棄建立大保加利亞的構想。俄國在巴爾幹擴張勢力的野心受到遏止，對柏林會議深感失望，對這位「誠摯的掮客」更是耿耿於懷。在巴爾幹可能發生的戰爭是避免了，但是巴爾幹的問題，並未根絕，時時可以燎原（參見第七章第五節）。

柏林會議後，英、奧皆大歡喜，但德俄關係惡化。俾斯麥必須考慮重新建立維持歐洲均勢及和平的結盟體系。俾斯麥著手建立德奧同盟，威廉一世反對。俾斯麥在親王和毛奇等人的支持下，說服老皇：俄國的泛斯拉夫主義，反德親法，左右俄

皇，已危及德俄關係。另外，柏林會議後，英、奧、法有聯合
對付俄國的傾向，也不能不防。老皇讓步，1879 年 10 月 7 日，
德、奧簽訂「兩國同盟」(Zweibund)。這是一個秘密的、防禦性
的軍事同盟：在一方被俄國攻擊時，另一方出兵援助。被其他
國家攻擊時應守中立；如攻擊國家獲有俄國支持，亦應出兵援
助。德、奧兩國同盟有兩個目的：1.如法國進攻德國，奧守中
立；如有俄國支持，奧國要出兵援德。2.這是在泛斯拉夫主義
氾濫的情形下的預防措施。因為俄奧衝突時有可能，並非反俄。
俾斯麥要在「兩國同盟」的基礎上建立廣泛的結盟體系，避免
戰爭，維持和平。

　　在「兩國同盟」簽字之前，俄國由於內政外交一籌莫展，
向德國提出重新建立三皇同盟的建議（1879 年 9 月 29 日）。「兩
國同盟」簽字之後，俾斯麥與俄使積極交涉，以期俄、奧兩國
在巴爾幹權益方面取得妥協，和緩兩國緊張局勢。1881 年 6 月
16 日，德皇威廉一世、俄皇亞歷山大三世和奧皇約瑟夫在柏林
簽署「三皇協定」(Dreikaiservertrag)。這也是一個防禦性的秘密
協定：

1.簽字一方如被第四國攻擊捲入戰爭時，其他締約雙方嚴守中
　立（在德、法或俄、英武裝衝突時，兩國都無後顧之憂）。

2.簽字一方如對土耳其進行戰爭，其他締約雙方嚴守中立，但

必須在事前對戰爭結局取得協議（在巴爾幹俄、奧兩國不能隨意行動）。

1884 年三國曾一度延長「三皇協定」，但 1887 年以後，俄、奧在巴爾幹的緊張關係不斷升高，這個協定也失去意義了。

柏林會議時，英、法達成協議：英占埃及，法占突尼斯。但英國在 1882 年占領埃及的時候兼及尼羅河上游，觸及法國由西非通過蘇丹（尼羅河上游）至紅海的通路。而法國占領突尼斯又引起義大利的不滿，因為那是它的「勢力範圍」。義大利勢單力薄，尋求盟國，要求加入德奧「兩國同盟」。1882 年 5 月 20 日德、義、奧簽署「三國同盟」(Dreibund)。這個同盟並非「兩國同盟」的擴大，而是另外一個「三國同盟協定」(Dreibundvertrag)，保障義大利在受法國攻擊時，其他締約雙方給予軍援。在法國攻擊德國的情形下，義大利出兵，奧國維持中立。這個協定保護義大利不受法國、奧國不受俄國威脅。在德法戰爭時，德國又多了一層保障。

1884 及 1885 兩年，德意志帝國推行殖民政策。俾斯麥是反對殖民政策的。他不願由於在海外擴張勢力，引起糾紛，四面受敵。在 1884 年帝國議會選舉前夕，俾斯麥同意推行殖民政

◀上頁 ｜ 1878 年柏林會議

策主要是為了爭取保守黨，滿足企業界及輿論的要求。俾斯麥的殖民政策與其他列強不同，是「官督商辦」，在政府保護下，由私人企業經營，而且適可而止。在俾斯麥的外交政策上，推行殖民政策是一個「插曲」，並非主題。

1885 年，保加利亞與塞爾維亞為爭奪領土 (Ostrumelien) 開火，奧國出面援助塞爾維亞。俄國認為這是違反「三皇協定」提出抗議。俄國不能忍受的是，保加利亞想藉機擺脫俄國勢力自主。1886 年，造反的諸侯被趕下臺，但接班人問題又引起俄、奧正面衝突。俄國出兵保加利亞，已是箭在弦上，一觸即發。俾斯麥全力阻止戰爭爆發，希望在這塊都有特殊權益的三個國家英、奧、義共同討論應付方案；俄國除外，德國也不參加。根據義大利外長建議，英、義兩國於 1887 年 2 月 12 日簽署《地中海協議》(Mittelmeerentente)，奧國於 3 月 24 日簽字加入。這個協議是用文件交換方式達成的，主要內容是維持地中海及黑海現狀。如有事件發生，三國協商解決。這個協議是以俄國在巴爾幹積極推展擴張政策為前提。如果俄國感到孤立，尋求盟友，其後果將是法俄攜手合作。俾斯麥不能坐視發展成為事實，必須取得「雙重保障」。就在這個時候，又發生了「七年軍事預算案」的「府會之爭」。

1886 年初，法國政府改組，特別是軍方 (General Boulanger)

傾向對德進行報復。俾斯麥宣稱，德國絕不開第一槍，也不進行先發制人的戰爭，但要增兵，以防不測。1887 年 1 月 11 日，俾斯麥向議會提出「七年軍事預算案」(Septennat)。根據 1874 年第一次七年軍事預算案，常備軍定為四十萬零一千人，1880 年第二次七年軍事預算案增至四十二萬七千人。1887 年是第三次，因為法國有意報復，俾斯麥要求增兵至四十六萬八千人。1 月 14 日議會拒絕通過。俾斯麥認為這是原則問題：德意志帝國由誰來防衛，議會還是軍隊？下令解散議會，提前改選。

第七屆帝國議會於 1887 年 2 月 21 日選出。「政黨聯盟」(Kartell-Parteien) 的三個黨：德意志保守黨、德意志帝國黨及民族自由黨在三百九十七個議席中獲得二百二十席，擁有多數，支持俾斯麥，通過「七年軍事預算案」。

法國有意興兵動武。在德法戰爭時，上述德奧義「三國同盟」是一層保障，但俄國在保加利亞危機出現後，陷入孤立，俄法接近不無可能。因此德俄關係必須調整，尋求雙重保障。1886 年秋，在保加利亞危機出現以後，俄國外交部曾多次表示，以德俄協定取代「三皇協定」，在巴爾幹政策上免受該約束縛。俾斯麥抓住機會，進行談判，於 1887 年 6 月 18 日簽署德俄《雙重保障條約》(*Rückversicherungsvertrag*)。中國大陸出版的德國史著作中，都譯為《再保險條約》。"Rückversicherung" 這

個字有「再保險」的意思，但是這個密約與「保險」或「再保險」根本無關。

　　《雙重保障條約》其實是兩個條約，一個是防禦性的、秘密的正約，另一個是攻擊性的、「極機密的」副約。根據正約，俄國只有在德國遭受法國非挑釁性的攻擊時保守中立，這是考慮奧國，因為德奧「兩國同盟」中規定，德國只有在奧國遭受俄國非挑釁性的攻擊時保守中立。另外在俄英、德英或俄土發生戰爭時，締約一方嚴守中立。在「極機密的」副約中，德國支持俄國在保加利亞建立親俄政權，俄國如果在地中海擴張勢力，德守中立。這一條與德奧「兩國同盟」內容矛盾，也與《地中海協議》精神有違。對俾斯麥來說，防止法俄接近，在德法戰爭時，不要腹背受敵，是核心問題，其他都是次要矛盾。俾斯麥的結盟體系是防禦性的，他說：「我們的任務是盡力防止戰爭，如不可能，則盡力使戰爭延後發生。」在外交上，俾斯麥要透過他的結盟體系來確保帝國的安全與生存，他做到了；做到的是防止戰爭，使戰爭延後發生。但是這場延後發生的大戰卻使這個在砲火中建立的帝國又在砲火中崩潰了。

五、舵手離船

　　1888 年是德國史上的「三皇之年」。威廉一世於 3 月 9 日逝世，享年九十一歲。長子腓特烈・威廉繼位，稱腓特烈三世（Friedrich III., 1831～1888 年），時年五十有七，患喉癌，已病入膏肓。「執政」九十九天，於 6 月 15 日病故。長子繼位，稱威廉二世（1859～1941 年，1888 年稱帝至 1918 年），愛穿軍裝，好出風頭，也好講話，而且口無遮攔。新皇登基才二十九歲，時俾斯麥已達高齡七十三歲。兩人不和，並非代溝問題，亦非政見不同；俾斯麥在普魯士翻雲覆雨，將近三十年，是德意志帝國這條大船的舵手，現在威廉二世要「自己當家做主」

⬆1888 年「三皇之年」，由左至右依序為威廉一世、腓特烈三世、威廉二世。

⬆威廉二世與俾斯麥

(Pesönliches Regiment)，當人民的皇帝，水火不容，衝突不可避免。

　　威廉二世在執政之前就對俾斯麥的聯俄政策不滿。老首相在 1888 年 5 月 9 日的一封信中，勸告當時的年輕親王少管閒事，收斂鋒芒。1889 年 5 月，發生礦工罷工事件，皇帝威廉不按牌理出牌，在皇宮接見工人代表，然後闖入正在進行中的普魯士邦內閣會議，在俾斯麥前發表訓話，要求礦場老闆接受工人要求，結束罷工。接著未理俾斯麥就發表《五月詔令》，公布實施。1889 年 10 月，俾斯麥向議會提出無限期延長《鎮壓社會民主分子法》提案，未獲通過。第八屆帝國議會於 1890 年 2

「領港員離船」（英國 *Punch*，1890 年 3 月）

月 20 日選出，「政黨聯盟」大敗，俾斯麥在議會失去後盾，向德皇建議解散帝國議會，重新組織一個沒有議會的諸侯共同體。威廉二世不想在執政開始就惹起這樣影響深遠的內爭，拒絕俾斯麥的「戰鬥方案」，引起所謂「首相危機」。

　　首相危機是一個誰當家做主的權力問題。威廉二世當仁不讓，於 1890 年 3 月 2 日要求取消 1852 年 9 月 2 日通過的一項內閣決議：各部首長在向普王報告政情備詢之前要先向總理匯報。威廉二世認為這是對君權的無理限制。俾斯麥拒絕，3 月 18 日提出辭呈求去，兩天後皇帝批准下臺。威廉二世很夠朋友，賜予俾斯麥勞恩堡公爵爵位及大將軍銜。但是事出倉促，俾斯麥還未來得及整理行裝，辦公官邸已被人占用，老首相嘆息地說：「我是被人趕出來的！」

　　俾斯麥的對內政策不得人心。利用政黨，縱橫捭闔，議會政治不得發展；鎮壓政敵，圍剿異己，造成「階級仇恨」。鐵血首相下臺，朝野上下，額手稱慶。英國雜誌 (*Punch*) 刊出一幅漫畫，題為：「領港員離船」。其實俾斯麥是領港員，也是舵手，是三十年來內政外交一把抓的「大海航行靠舵手」。皇帝威廉二世掌舵三十年，終於在國際政治的大風大浪中，船覆人亡。

Chapter 7
威廉帝國（1890～1918年）

一、新路線

　　從 1890 年俾斯麥下臺到 1918 年德皇威廉二世退位的二十八年，史稱「威廉帝國」或「威廉時代」。這並不是說，威廉二世是「大選王侯」或「腓特烈大王」，是一代風雲人物，而是說威廉二世代表了這個時代的德國。

　　威廉二世與老父——深受自由主義影響的腓特烈三世——的關係是敬而遠之。母親是英國女王維多利亞的長女，腓特烈三世下葬之後，她就離開了德國。威廉二世這位德英混血皇帝對大英「母國」是又恨又愛，母子關係是水火不容，但他深愛外祖母。1901 年，英國女王逝世，威廉二世放下國家大事，趕赴倫敦，含淚守靈十四天。威廉二世說：「德國人是世界上最不關心政治的民族，我有英國血統，所以懂得些許政治。」這是言過其詞，德皇有英國血液，但是沒有英國人的政治細胞。

　　德皇不懂政治，也不喜歡政治；有不少先天性缺陷，也有深度的自卑感。威廉二世愛穿軍裝，佩刀帶劍，顯示君主威嚴，各種款式的華麗軍服有一百多套；有時一天換裝多次，而且攝影留念，立此存照。威廉二世愛旅行。1889 年出訪四十七個城市，其中包括國外旅行：英國、希臘、土耳其、義大利，北海

渡假還不算在內。1898 年，威廉二世訪問土耳其和耶路撒冷。隨行驟馬成群，有一千三百多匹，一百輛車，十二輛行李車，二百三十個行軍帳篷，主廚及副廚各六名，服侍人員六十人。威廉二世愛講演。在他「執政」的二十四年中，公開講演達五百七十七次之多；不加思索，口無遮攔，多次在外交上給帝國帶來難堪的局面。在中國拳亂期間發表的「匈奴訓話」，即其一例。

　　威廉二世深信君權神授，要「自己當家做主」。但他從未「執政」，國家大事交給別人處理，而且所授非人。德皇對軍人特別偏愛，對軍事尤感興趣；每週召見首相一次問政，但軍方首長要每週晉謁皇帝三次報告軍情。根據帝國憲法，皇帝任免帝國首相，首相不對議會負責，但是政府的重大法案仍須獲得議會同意。帝國政府沒有內閣，陸海兩軍首長直接與皇帝打交道，與首相平行，不受議會監督。威廉二世沒有搞清楚皇帝與首相、議會、軍方的錯綜複雜關係，也從未翻過帝國憲法——自己公開承認，引以為榮。威廉二世自己不是強人「俾斯麥」，從 1890 年起一共換了七位首相，也都不是「青年才俊」，帝國最後四年又是軍人「當家做主」的局面。

　　俾斯麥下臺後兩天，威廉二世打電報給他的老師說：「在國家這條大船上，值班軍官的職務落在我的身上了。路線不變，

Der alte Rutschke an seine Rameraden in China.

Mel.: „König Wilhelm sass ganz heiter" etc.

Nun frisch auf, ihr deutschen Jungen, Waffenruf ist hell erklungen
Durch den ganzen deutschen Gau. Lustig schmettert die Trompete,
Ladet an des Heeres Tête euch auf blutgetränkte Au.

Dorten in dem Reich der Mitte, echt nach wilder Helden Sitte,
Wütet Mord und Plünderung. Grässlich werden sie erschlagen,
Die den Namen „Christen" tragen, und es fehlt Behinderung.

☝「在中國，你們是為文明而戰！」──德皇威廉二世於 1900 年 7 月 2
日在威廉海港對前往中國的遠征部隊的講話。

開足馬力，全力推進！」全力推進，最後搞得船翻覆亡，這是
真的，至於「路線不變」那就不符史實了。俾斯麥時代的內政
是鎮壓圍剿，殺氣騰騰，是不和諧的；但在外交上，化干戈為
玉帛，和平共處，是成功的。威廉時代的內政，風平浪靜，和
平共處，是和諧的；但在外交方面，殺氣騰騰，興兵動武，是
不幸的。

　　威廉時代沒有「府會之爭」，沒有「文化鬥爭」，1891 年不

⬆️皇帝威廉二世

再延長俾斯麥時代的《鎮壓社會民主分子法》，同時實施改善工人境遇的社會福利政策。從 1895 年起，德國經濟繁榮，一直持續到第一次世界大戰開始。除了 1901 年和 1908 年這兩年在經濟發展上小有波浪外，威廉時代是一個生活安定的經濟繁榮時期。工人、小市民身受其惠，結婚生子也比俾斯麥時代為多。「帝國政敵」的社會民主黨從 1891 年起，採取「修正主義」路線，支持議會政治 (Erfurter Programm)。1914 年歐戰爆發，社會民主黨又與帝國共存亡，全力擁護政府。

在俾斯麥時代，德國由一個農業國家轉變為工業國家。完成統一之後，俾斯麥一再強調：德意志帝國「心滿意足」絕不對外進行擴張，和平共處。俾斯麥時代的德國，在對外關係上，是一個安分守己、謙虛謹慎的國家。但是到了威廉時代不同了。德國無論在工業還是企業方面，都是後來居上，國富兵強。在日漸強大的經濟基礎上和帝國主義對外擴張的熱潮下，侵略性的民族意識抬頭，開始興風作浪，左右政局。威廉時代的德國是歐洲最強最富的國家，也是一個最不滿足的帝國。

1897 年，次長 (Staatssekretär) 畢羅（Bernhard Fürst von Bülow，1849～1929 年）代表外交部在議會說：「我們無意凌駕他人之上，但我們也要求獲得有陽光的地方。」（"Wir wollen niemand in den Schatten stellen, aber wir verlangen auch unseren Platz an der Sonne."）畢

●畢羅——外交部次長 （1897～
1900 年）、帝國首相（1900～1909
年）

羅這句經常為人引用的名句，用今天的語言來說就是：德國要
加入「原子俱樂部」，要加入牌局，輪流做莊，要推展「世界政
策」。在中國大陸出版的德國史著作中，都異口同聲地說：威廉
二世的世界政策「就是向海外擴張殖民地，掌握制海權，爭霸
世界」（《德國通史簡編》，北京，1991，頁 486）。或說：世界政策
「主要與英國爭奪世界霸權和重新瓜分殖民地」（《世界史手冊》，
杭州，1988，頁 530，參見頁 493, 494）。這是以論帶史，政治掛帥。
威廉時代的——不是威廉二世的——世界政策無意控制海權、
爭霸世界，至於說「重新瓜分殖民地」就更離譜了。畢羅上面
的那句話（獲得帝國議會議員的熱烈掌聲）說得很明白：德國無意

凌駕他人之上，也就是說德國無意與英國爭霸，「也要求獲得有陽光的地方」不能擴大解釋是「重新瓜分殖民地」。

　　1871 年德意志帝國建立之前，英、法、俄加緊步伐，擴張海外勢力範圍。俾斯麥則集中全力，對奧動武，對法作戰，忙於解決統一建國問題。德意志帝國建立之後（1888 年），俾斯麥說：「我的非洲地圖在歐洲；這裡是法國，這裡是俄國，我們在中間。這就是我的非洲地圖。」俾斯麥的意思是，德國的安危不要因為在海外擴張勢力而受到影響。所以他說：德意志帝國已經「心滿意足」。但到了十九世紀末期的威廉時代情形不同了。歐洲國家的地位要看它在歐洲以外擁有勢力範圍的大小而定。在歐洲尋求勢力均衡的俾斯麥時代已經一去不復返了。從這個角度來看，德國是落後了，在俾斯麥時代所獲得的若干殖民地，微不足道，不具影響。德國還是一個「歐洲強國」，而不是一個「世界強國」。

　　威廉時代的德國是個實力雄厚的暴發戶。在歐洲它要打垮法國，削弱俄國，稱霸歐洲。在歐洲以外，它要加入「原子俱樂部」，要當「世界強國」；建立海洋艦隊是要用來打破英國在海上的獨霸局面以及用來取得和保護殖民地。

　　維持歐洲均勢和重視英國的特殊地位，是德意志帝國賴以生存的基本條件，也是俾斯麥結盟體系的核心思想。俾斯麥在

⬆英國王子、法國的「瑪麗安娜」（Marianne，第三共和）、奧皇和俄皇驚訝地注視這個頑童威廉二世：「這小子要搞翻這條船嘛！」（英國 *Punch*，1890 年 5 月 10 日）

外交上採取的具體措施是，全力阻止法國與任何一個歐洲國家結盟對付德國，避免兩面作戰。威廉時代的世界政策是，德國主動地去破壞歐洲均勢，要當歐洲老大，挑釁英國，促成英、法、俄三國聯合出手教訓這個暴發戶。

二、俾斯麥結盟體制的瓦解

俾斯麥下臺以後，卡普里維 （Leo Graf von Caprivi，1831～

1899 年）擔任帝國首相兼普魯士邦總理及普魯士邦的外交部長。他曾參加普法戰爭，任第十軍團參謀長，是位出色的軍人，但不懂政治，也無意從政；受皇帝徵召，勉為其難，不是強人。在卡普里維任期內，發生兩件大事，影響深遠：不再延長《鎮壓社會民主分子法》及俄德《雙重保障條約》。

　　德意志帝國「政府」，沒有內閣，也就沒有外交部長。外交政策，在歐戰爆發之前，是皇帝、首相、軍方以及外交部的「共識」，其中外交部的意見舉足輕重，而霍爾斯坦（Friedrich Baron von Holstein，1837～1909 年，外交部政治處主任，Leiter der Politischen Abteilung, Vortragender Rat），又是威廉時代左右外交政策的關鍵人物。這位職業外交家，追隨俾斯麥多年，但主張德國要在外交上擁有充分的「自由空間」，不能自己捆住手腳。因此他不贊成延長德俄《雙重保障條約》。霍爾斯坦深信德俄矛盾無法解決，應以德奧義「三國同盟」為德國的外交基礎。至於英國，時間對英國不利，遲早要接近德國，不必採取主動。對法則必須強硬，不能妥協。首相卡普里維認為俾斯麥的結盟體制太過複雜，難以掌握；從道義的觀點來看也站不住腳，所以無意延長《雙重保障條約》，應以「三國同盟」為德國的外交基礎。皇帝對拒絕延長德俄條約不以為然，最後還是服從多數。卡普里維首相是軍人，從軍事觀點來看，他相信對俄、法兩面作戰不可避免，

於是提出軍事改革案，增強兵力六萬六千人，同時步兵服役兩年，德國陸軍實力為五十萬二千人。議會拒絕（1893 年 5 月 6 日），首相下令解散，新選九屆議會通過實施（1893 年 7 月 15 日）。

威廉時代的外交新路線是：不延長德俄《雙重保障條約》，以「三國同盟」為外交政策的基礎，在軍事上準備兩面作戰。從此歐洲列強一分為二，雙方對立，兵戎相見。德國是一著錯棋滿盤輸。

1891 年 5 月 6 日，第一次延長德奧義「三國同盟」(Dreibund)。這個於 1882 年簽訂的密約規定：

1. 義大利在非挑釁的情形下遭受法國攻擊時，德、奧全力軍援；
2. 在法國攻擊德國時，義國軍援，奧守中立；
3. 如簽約一方遭受他國威脅並因而惹起戰爭時，其他簽約兩方保守中立；
4. 如簽約一方在非挑釁的情形下，捲入與其他列強的戰爭時，其他簽約兩國給予支援；
5. 義大利由於海岸線過長，在其他簽約兩國與英國發生戰爭時，不予支援。

對俾斯麥來說，「三國同盟」主要針對法國，是俾斯麥結盟體系的一部分。在威廉時代，則成為德國外交政策的基本前提，

其後果是過分依賴奧國，走上孤立。

在拒絕俄國要求延長《雙重保障條約》之後，德國與英國簽署《黑哥蘭－桑西巴條約》（*Helgoland-Sansibar-Vertrag*，1890 年 7 月 1 日）。德國承認德屬東非的桑西巴島為英國保護國，英國割讓黑哥蘭島給德國。後者對德國建造在波羅地海北部的運河有保障作用，勢在必得。德國不延長《雙重保障條約》，同時又支持英國的殖民擴張，俄國深深感到德國在外交政策上的重大轉變，而急謀對策。從 1887 年起，德國停止對俄貸款，但法國支持。從 1888 年到 1896 年俄向法國借款數額高達五十五億法郎。在這個友好關係的基礎上，1892 年 8 月法、俄軍方人員簽訂《法俄軍事協議》：

1. 如法國被德國侵略時，或義大利在德國支持下攻擊法國時，俄以全部軍力（一百三十萬人）對德進行牽制作戰；

2. 如「三國同盟」之一實施動員，法、俄不必事前協商，即行動員應戰。

法國突破孤立，德國處於遭受東西夾擊的局面。俾斯麥全力阻止的不利情勢終於出現了。

1894 年 10 月 26 日，法國總統被所謂「左派分子」謀殺致死。在帝國內部，社會民主黨聲勢日增，因此，威廉二世藉機提出《鎮壓顛覆分子法案》（*Umsturzvorlage*）。首相卡普里維不想

製造工人與國家的對立情勢，議會也拒絕通過此一法案。威廉二世一怒之下，大炒魷魚，免去卡普里維的本兼各職，任命霍恩羅埃（Chlodwig Fürst zu Hohenlohe-Schillingsfürst，1819～1901 年）為帝國首相。這位來自巴伐利亞的首相，接任時高齡七十一，內政保守，反對社會民主黨，贊成大普魯士；與皇帝有親戚關係，與俄國貴族也有遠親關係，所以在外交上親俄。這時俄國也換了皇帝，新沙皇尼古拉斯二世於 1894 年 11 月 1 日繼位。霍恩羅埃開始接近俄國，並支持俄國干涉歸還遼東半島，並為將來在華取得土地按下伏筆（1897 年德國在俄國支持下，取得膠州灣）。另一方面，此時德國也有意拉英加入「三國同盟」，但英未表態。就在這個時候，1895 年底，特蘭斯瓦共和國（南非東北部）總統下令外國人（主要是英國人）不得享有選舉權，引起武裝衝突。英國政府鄭重聲明未參與武裝行動，是部分英國軍人自發的違法行為。雖然如此，威廉二世仍給克呂戈 (O. Krüger) 總統發出電報，祝賀抵抗外力侵入、維護國家獨立成功。特蘭斯瓦是大英帝國的成員，威廉賀電等於承認它是獨立國家，干涉內政，英國深為不滿。皇帝威廉輕舉妄動，首相、外交部也未予阻止。無事生非，引起所謂「克呂戈電報事件」（1896 年 1 月 3 日），影響英德外交關係。1897 年 2 月，英國拒絕延長英、奧、義三國《地中海協議》（1887 年）。至此，俾斯麥的結盟體

系徹底瓦解，德國孤立，已成定局。

三、世界政策──「開足馬力，全力推進！」

在威廉時代，德國推展世界政策的手段主要有兩個：建立海洋艦隊及建築巴格達鐵路。

為了擴展海外貿易及殖民地，取得世界強國的地位，德國必須擁有遠洋艦隊。擴建海軍，是「師英夷之長技」，是威廉的「寵愛之物」，是海軍當局的強硬主張，也是全國上下的熱烈要求。1898 年「建艦協會」成立伊始，就擁有百萬會員，可資證明。節目主持人是海軍元帥梯爾皮茨（Alfred von Tirpitz，1849～1930 年）。此公好戰，主張占領中國膠州，進行無限制潛艇作戰，並反對與英和緩關係，力主建立海洋艦隊。他說：「德國必須擁有一支強大的戰鬥艦隊，在帝國地位受到侵犯時，能有力地對付海上敵人。」

1898 年 3 月 28 日議會通過《第一次海軍建艦法》（*1. Flottengesetz*）。在六年內建立兩支海洋艦隊，從當時已有的七艘戰艦及八艘海岸裝甲艦各增為十九艘，大巡洋艦兩艘增為十二艘，七艘小巡洋艦增為三十艘。議會通過建造費用四億馬克。

1900 年，梯爾皮茨提出《第二次海軍建艦法》，增建戰艦

L'INGORDO
TROP DUR

☚咬著地球的威廉二世，展現出向
外擴張的企圖。

三十二艘，大巡洋艦八艘及小巡洋艦七艘。梯爾皮茨拒絕英國
限制雙方擴建軍艦的建議，認為英國是德國最危險的敵人；德
國艦隊愈強大，英國愈不敢與德國衝突、挑釁。

　　1888年及1893年，德國數家大銀行在重工業利益團體的
支持下，獲得在西阿那托里恩 (Westanatolien) 建築鐵路的權利。
當時德國政府並不支持此一建路計畫，因為不想侵犯英、俄在
波斯地區的特殊權益。威廉時代，由於受奧國巴爾幹政策的影
響以及決心支持搖搖欲墜的土耳其政府，轉變態度。

　　1898年10月，威廉二世訪問君士坦丁堡（Konstantinopel，

⊕巴格達鐵路：起點君士坦丁堡，終點巴斯拉。

Istanbul 的舊稱），與土耳其蘇丹哈米德二世 (Abdul Hamid II.) 達成

協議，在德國的財力及技術指導下，擴建君士坦丁堡鐵路及擴

建由科尼亞 （Konya， 土耳其中部） 經巴格達 (Bagdad) 至巴斯拉

（Basra，庫威特，波斯灣出口處）的巴格達鐵路 (Bagdadbahn)，全長

三千二百公里。這條從君士坦丁堡貫穿土耳其直達波斯灣的巴

格達鐵路，無異是德國在經濟上和政治上的「勢力範圍」；德國

人也把它視為推展「德意志精神」的理想地域。建築巴格達鐵

路可以說是德國人的經濟實力、民族自大和文化使命的混合產

物。英、俄兩國認為這是對他們在這一地區的特殊權益的挑戰，潛在威脅不容忽視。對英國來說，這條鐵路可縮短通往印度的路程。威廉時代的德國氣勢凌人，首先增強常備兵力，繼之建立海洋艦隊，然後又著手建築巴格達鐵路，同時又大聲喊叫要求獲得有陽光的地方。歐洲列強深信，德國要興兵動武，稱霸世界。其實德國沒有這個意思，它只要求輪流做莊，要當世界強國；無意稱霸海上，也無意稱霸世界。但是在外交上，德國逼走俄國，使俄法接近，擴建海洋艦隊又向英國挑戰，建築巴格達鐵路更加深德國與英、俄兩國的矛盾。此後的德國外交就在這種情勢下，一步一步地「包圍」自己。

1900 年 10 月霍恩羅埃因年事已高，自動辭職，畢羅接任首相。畢羅原任外交部次長 (Staatssekretär)，是職業外交家，對內政沒有經驗，也沒有興趣；他認為只有外交上的成功，才能達成內政上的和諧與安定。畢羅接任首相後，與海軍元帥梯爾皮茨一文一武，全力推展強權政治、世界政策，也深信「三國同盟」是德國外交的基礎。但是在 1902 年 6 月，第二次延長「三國同盟」時，情況有變。義大利因為殖民地利益，外交重心轉向北非。在「三國同盟」第二次延長後不久，義大利背著德、奧兩國，與法國簽訂《法義秘密協定》(1902 年 11 月 1 日)，調整法義在北非的殖民地權益，同時保證：如簽約一方遭受他

國攻擊時，保守中立。這個法義密約，顯然違反「三國同盟」的精神，無異是見利忘義，出賣盟友。德國視「三國同盟」為其外交政策的基礎。現在三國同盟變成德、奧兩國同盟，德國對奧的依賴日見加深，更為孤立。

　　俄、德、法三國「干涉還遼」之後，俄國有意與德國建立密切關係，但德國不願支持俄在遠東擴張勢力。自 1898 年至 1901 年，英、德不斷接觸，謀求改善關係。結果是不歡而散。德國深信在英、俄之間，可隨時選擇與誰結盟，不必操之過急。但自 1904 年起，英國改變態度，開始與法國接近。1904 年 4 月，英、法兩國達成協議：和平解決兩國在海外殖民地的特殊權益；法國承認埃及是英國的勢力範圍，英國同意摩洛哥由法控制。這個《英法協議》(Entente cordiale) 是以協調殖民地利益為主，並非攻守同盟。但是繼《法俄軍事協議》（1892 年），《法義秘密協定》（1902 年）之後再加上這個《英法協議》，德國已被「包圍」；四面樹敵，只缺英俄同盟了。我們看看德國如何「玉成其事」。

四、「史利芬計畫」與摩洛哥危機

　　從 1905 年起到歐戰爆發，在歐洲不斷出現危機，德法、德

英關係日趨惡化。

　　法國與義大利和英國在殖民地問題上取得諒解、協議之後，於 1904 年底開始，積極鞏固在摩洛哥的勢力範圍。德國不願法國獨霸摩洛哥，決心干預。根據 1880 年的《摩洛哥協定》，德國對摩洛哥問題有參與決定權。畢羅首相說服威廉二世走訪丹吉爾（Tanger，1905 年 3 月 31 日），會晤蘇丹 (Abdal-Aziz)。德皇本性難移，公開聲稱：德國是蘇丹反抗法國、爭取獨立的保證，並視蘇丹為合法的統治者。威廉二世要求召開國際會議解決摩洛哥問題──第一次摩洛哥危機。

　　法國讓步。1906 年初，歐洲列強，還有摩洛哥共十二國召開阿爾吉西拉會議（Algeciras-Konferenz，1 月 16 日至 4 月 7 日），決議維持摩洛哥主權完整，貿易自由。在表面上，德國取得一場外交勝利。但是在會議過程中，俄國支持英國，英國支持法國，盟友義大利站在英、法一方。德國只有奧國聲援。在這次會議上，首次出現歐洲兩大陣營對立的局面。1906 年 11 月 14 日，畢羅首相在帝國議會上說：英、法、俄三國有計畫地包圍德國。這是自欺欺人的說法。威廉時代的德國驕傲自大，不知彼也不知己；作繭自縛，包圍自己。但是畢羅首相、外交部及軍方卻深深相信德國已「被」包圍，不能坐視。

　　1905 年，陸軍元帥史利芬（Alfred Graf von Schlieffen,

Generalfeldmarschall，1833～1913
年）接瓦德西任陸軍參謀總長
時，發生第一次摩洛哥危機。
在兩面作戰的構想下，他認為
對法國採取軍事行動的時機
已經來臨。

　　史利芬根據他多年的研
究心得，提出對法作戰計
畫——「史利芬計畫」
(Schlieffenplan)。史利芬認為東、

⬆陸軍元帥史利芬

西兩面作戰獲勝的先決條件是，用閃電攻擊，在八個星期之內
打垮法國，在俄國還未來得及動員應戰的情形下，在東面進攻
俄國。俄國在日俄戰爭敗北之餘，國內又鬧革命，不堪一擊。

　　西線對法進行閃電攻擊的先決條件是，德國右翼以三十五
個軍團從盧森堡、比利時侵入法國北部向東南推進，包圍、殲
滅法軍。因為法國在德、法邊境有堅固的防禦工事，無法進行
閃電作戰。法國北部與盧森堡、比利時的邊境沒有設防。後任
小毛奇（Helmuth Johannes Ludwig von Moltke，1848～1916 年），對此
計畫稍有修正（加強左翼以防法軍從德國南部侵入），定為對法作戰
的軍方計畫。

　　「史利芬計畫」得到首相、外交部（霍爾斯坦）的首肯，只是德皇不想此時此地發動戰爭，暫時束之高閣，直到歐戰爆發才重見天日，大顯身手。

　　這個在 1905 年就已經獲得共識的計畫是一個攻擊性的作戰方案，沒有正當理由，甚至連個藉口都沒有，就是要打垮法、俄兩國，稱霸歐洲，同時又蓄意侵犯比利時的中立（德國也是保障比國中立的簽字國之一），不計後果，勇往直前，威廉二世的德國不可一世，暈過頭了。

　　在第一次摩洛哥危機（1905 年）和阿爾吉西拉會議（1906年）之後，英國改變對德立場，於 1907 年 8 月與俄國達成協議：互不侵犯兩國在波斯、阿富汗及西藏的特殊權益。在這個英俄協議和《英法協議》（1904 年）的基礎上，英、法、俄三國形成一種反德共識。雖然沒有在形式上締結盟約，但英法俄「三國聯盟」(Triple Entente) 已具備實質內容，遠比德奧義「三國同盟」可靠有力。

　　在「三國聯盟」中，英國扮演一個主要角色，對德還未採取勢不兩立的敵我態度。但在「《每日電訊報》事件」及第二次摩洛哥危機發生之後，情形不同了。1908 年 10 月 28 日，英國《每日電訊報》發表一篇德皇威廉二世的訪問談話。其中有三點，引起英國不滿：1.德皇說，他親英國，在德國曲高和寡。

⬆描繪第一次摩洛哥危機的漫畫，坐在駱駝（摩洛
哥）背上的是法國，在地上拉著駱駝尾巴的是德
國。

這表示：德國普遍反英。 2.在「克呂戈電報事件」時（1896
年），德皇曾將法、俄有意干涉的計畫，通知外祖母英國女王。
英國認為這是挑撥英國與法、俄的友好關係。 3.德皇說，德國
擴建海軍，必要時在遠東支持英國對日作戰。德皇忘了英、日
之間有同盟關係。這個「《每日電訊報》事件」(Daily Telegraph

Affäre) 引起議會各黨、全國輿論的口誅筆伐，無情攻擊，因為德皇胡言亂語，首相未予阻止，破壞帝國形象，引起對外關係惡化。事實上，這一次德皇確實冤枉。訪問談話在發表之前，德皇曾將原稿送交畢羅首相過目，但他沒有看就下交外交部發言人，此公正好渡假不在，代理人沒有理會內容就歸檔了事。這次事件使皇帝的形象受損，首相地位下降，議會影響加強。

　　1911 年 4 月，摩洛哥各地發生排外事件。法軍於 5 月占領拉巴特 (Rabat) 及首府費茲 (Fez)。德國存心挑釁，派砲艦「豹」號 (Panther) 馳往阿加迪（Agadir，摩洛哥海港）示威，理由是保護德商。引起第二次摩洛哥危機。

　　法國又一次打掉牙連血吞，於 1911 年 11 月 4 日與德國簽署《摩洛哥－剛果條約》(Marokko-Kongo-Vertrag)：摩洛哥是法國保護國，貿易自由。法國保障德國在摩洛哥的礦業及享有建築聯運鐵路的權利。德國取得法屬剛果二十七萬五千平方公里土地，與德屬喀麥隆東南土地連成一氣，但這是一片沒有用的泥沼地帶。表面上，德國又一次取得外交上的勝利。但德國不循外交途徑解決糾紛，逕用武力示威，奪人土地，使英、法提高警惕；敵我關係，又見升高。

　　1912 年 2 月，英國向德國建議停止海上擴軍競賽 (Haldane-Mission)。德國軍方反對，並要求英國在歐洲列強發生戰爭時嚴

守中立。英國拒絕。英德談判破裂後，帝國議會於 5 月 14 日通過增建四十一艘戰鬥艦及巡洋艦，同時提高常備兵力。1912 年底，英法換文達成對德動員作戰的協議（11 月 22 日）。山雨欲來風滿樓，「戰爭在望」。

五、巴爾幹問題

巴爾幹問題的逐漸發展，使巴爾幹地區成為「中東火藥庫」，形成 1912 年及 1913 年的巴爾幹危機，而巴爾幹危機又是歐戰爆發的導火線，不是原因。巴爾幹問題的形成，正是超民族的奧斯曼帝國（Osmanisches Reich，1299～1922 年）解體的時候。歐洲列強，如英、俄、法、德、奧匈帝國都被捲入，引起所謂「東方問題」，也就是巴爾幹問題。

「東方問題」引起的原因，一方面是英、俄在這一地區的對立，另一方面是奧匈與俄國的敵我關係。英國由於殖民利益、權力政治，全力阻止俄國控制土耳其海峽具有重大戰略意義的據點博斯普魯斯及達達尼爾 (Bosporus, Dardanellen)，因而支持土耳其政府。奧匈帝國則全力阻止巴爾幹的斯拉夫民族與「母國」俄羅斯連成一氣，興風作浪，因為奧匈帝國也是一個多民族國家。十九世紀下半，東南歐洲的諸多民族受民族主義的影響，

⬆️「中東火藥庫」（*Punch*，1912 年 10 月 3 日）

⬆ 一次大戰前的巴爾幹半島形勢

反抗土耳其的統治；爭取自主，要求獨立，奧匈不能坐視奧斯曼帝國解體，殃及池魚，因此也支持土耳其政府。

　　哈布斯堡王室的奧國雖然在 1867 年根據《十二月憲法》與匈牙利達成協議，兩國共同處理外交、軍事、財政大事，成為「奧匈帝國」，但奧國沒有解決境內波希米亞 (Böhmen) 及克羅亞特 (Kroatien)「少數民族」（斯拉夫人）的潛在問題。至於匈牙利

的統治者也無意給境內的斯拉夫人以平等待遇。

俄國在 1878 年對土耳其的戰爭中，雖然獲勝，但未能實現建立大保加利亞的野心和實現自由經過土耳其海峽（馬瑪拉海，Marmara）通往愛琴海的願望。根據 1878 年的柏林會議協定——這是奧斯曼帝國解體的開始——羅馬尼亞、塞爾維亞及孟特尼哥羅 (Montenegro) 獨立，奧國取得波斯尼亞及黑澤哥維那 (Bosnien, Herzegowina) 兩地行政權，東魯美利恩 (Ostrumelien) 自治（但要向土耳其進貢）。在歐戰之前，阿爾巴尼亞又脫離土耳其而自主。柏林會議，從第一次世界大戰的角度來看，是形成此後巴爾幹問題的歷史因素。

1908 年，俄國與奧國達成秘密協議，如果俄國能實現通過土耳其海峽的構想，而且在奧國不提出抗議的情形下，俄國同意奧國兼併波斯尼亞及黑澤哥維那。但俄國取得通過海峽的權利，除奧匈帝國外，根據 1878 年的柏林會議，還要取得英、法同意。當俄國還在與英、法進行交涉的時候，奧匈帝國先下手為強，兼併波、黑兩省，藉以及時阻止「大塞爾維亞計畫」的實現。因為根據這個計畫，塞維爾亞及孟特尼哥羅的三百萬塞爾維亞人，再加上將來兼併的達爾馬特 (Dalmatien)、克羅亞特、斯洛文尼亞以及波斯尼亞和黑澤哥維那的七百萬人共同成立一個大塞爾維亞王國。如今奧匈搶先一步，塞爾維亞憤怒抗議，

並以戰爭威脅，要求奧匈放棄兼併。

　　奧匈兼併波斯尼亞及黑澤哥維那，事前未與德國磋商。但奧匈是德國唯一可靠的盟友，難兄難弟。奧匈在外交上的失敗，或在軍事上被削弱不振，都會對德國的外交處境有不利影響，不能因小失大。所以畢羅首相於 1909 年 3 月 29 日在帝國議會重申誓言：德奧同盟，至死不渝 (Nibelungentreue)。

　　1909 年初，塞爾維亞政府在德、英、法壓力下，又無俄國大力撐腰，只好讓步，認為波斯尼亞及黑澤哥維那糾紛是一個歐洲問題，應由歐洲列強共同處理。巴爾幹危機暫時平定下去，但是巴爾幹問題並未獲得解決，也沒有人能解決巴爾幹地區的種族糾紛、宗教矛盾以及劃清國境的問題。譬如塞爾維亞王國當時有二百九十三萬人口，主要是由塞爾維亞人、波斯尼亞人、孟特尼哥羅人及烏斯克人 (Uskoken) 構成。但不同種族雜居，少數民族是俄國人、波蘭人、馬札爾人、猶太人、阿拉伯人、亞美尼亞人及吉普賽人。在強大的外力統治或控制下，巴爾幹國家及其雜居的「少數民族」相安無事，但當外力失去控制的時候，馬上死灰復燃，兵戎相見。1991 年發生的南斯拉夫內戰，就是一個很好的說明。

　　1912 年 7 月 2 日，在俄國的安排下，保加利亞、塞爾維亞及希臘簽署對土耳其作戰的軍事同盟：從歐洲大陸趕走土耳其。

這個盟約也針對奧匈帝國：在奧匈攻擊塞爾維亞或塞爾維亞進攻奧匈時，保加利亞出兵援助。8 月，法國總理 (Raymond Poincaré) 在訪問聖彼得堡時，表示支持俄國的巴爾幹政策。這是火上加油。從 8 月底起，星星火起，終於燎原：8 月 25 日，土耳其屬下的馬其頓 (Mazedonien) 發生動亂，在馬其頓的保加利亞人要求保加利亞政府給予保護。9 月 4 日，塞爾維亞公開支持馬其頓的獨立運動。9 月 12 日，保加利亞要求土耳其政府允許馬其頓獨立，否則動員備戰。10 月 3 日，塞爾維亞、保加利亞及希臘聯合對土發出最後通牒，限在三天之內允許馬其頓獨立。土耳其相應不理。10 月 17 日，塞、保、希三國對土宣戰——為馬其頓的獨立而戰，這是第一次巴爾幹戰爭。塞爾維亞、保加利亞和希臘在兩次對土戰爭中（1912 年 10 月 17 日至 12 月 17 日，1913 年 2 月 3 日至 5 月 30 日），大敗土耳其。土耳其同意放棄一切歐陸領土（Enos-Midia, Bosporus, Dardanellen 除外），阿爾巴尼亞前途由歐洲列強決定。但是戰勝三國對於馬其頓的分贓不滿，相持不下，協議由俄國出面斡旋。但在俄國還未著手調停時，保加利亞就搶先占領馬其頓。塞爾維亞對保宣戰（1913 年 7 月 1 日），希臘因為不滿所得，也站在塞國一邊，這是第二次巴爾幹戰爭。羅馬尼亞趁火打劫，有意利用混戰機會占據與保加利亞接壤的土地，土耳其也揮兵收復阿得里阿諾堡要塞 (Adrianopol)。

保加利亞四面受敵，潰不成軍，停火求和。

塞爾維亞、保加利亞與希臘為馬其頓的獨立對土作戰，三國又因馬其頓的分贓不均而互相殘殺，因馬其頓而惹起來的兩次戰爭，是一個典型的例子，說明巴爾幹問題之難以解決，也無法解決。馬其頓當時有一百五十萬人口，其中保加利亞人四十五萬六千（四十一萬基督教徒，四萬六千伊斯蘭教徒），阿拉伯人三十五萬，希臘人十四萬五千，塞爾維亞人十二萬，金札爾人(Zinzaren) 九萬五千，猶太人四萬八千，土耳其人二萬八千。保加利亞、希臘和塞爾維亞都想獨占馬其頓，但誰也無力據為己有，而三國瓜分，又因宗教互異、不同種族雜居由來已久而不可能。在塞爾維亞、保加利亞及希臘兩次對土戰爭中，有二十三萬土耳其人被趕出保加利亞及塞爾維亞，二十六萬五千希臘人被趕出土耳其，一萬五千保加利亞人逃離希臘領土，七萬希臘人逃離保加利亞，十萬土耳其人從希臘逃回小亞細亞。三國兩次對土戰爭，不到半年，共有六十七萬人背井離鄉，東逃西竄，巴爾幹問題的複雜，問題之難以解決，可見一斑。

《布加勒斯特和約》（*Friede von Bukarest*，1913 年 8 月 10 日）結束巴爾幹戰爭。塞爾維亞是大贏家，領土增加一倍。自信滿滿，要趁熱打鐵，實現建立「大塞爾維亞王國」的計畫。奧匈感受壓力，在同年 9 月 7 日延長三國同盟之後，與德國採取聯

合行動，迫使塞爾維亞撤出阿爾巴尼亞（1913 年 10 月 25 日），因為阿爾巴尼亞問題有待歐洲列強共同解決。塞爾維亞忍痛屈服，等待機會報復。

六、歐戰爆發的「七月危機」

「中東火藥庫」是指 1914 年夏巴爾幹地區的緊張情勢。奧國皇儲費迪南為了調整哈布斯堡王室與斯拉夫人的關係，前往波斯尼亞首府塞拉耶佛 (Sarajewo)，因為自 1913 年起，塞爾維亞要成立一個包括波斯尼亞人和克羅亞特人的大塞爾維亞王國，這表示塞爾維亞要把奧國從巴爾幹趕出去。1914 年 6 月 28 日皇儲夫婦途中遇刺身亡。

在這之前已有多次反奧暗殺事件，但這一次奧國不想用法律解決，因為奧國相信，此次暗殺不是個人行為，而是受塞爾維亞在貝爾格萊德政府指示下的行刺事件。

皇儲遇刺身亡，引起「七月危機」(Julikrise)。奧國有意利用這次暗殺事件為藉口，對塞爾維亞進行戰爭，瓦解南部斯拉夫人的民族獨立運動。事件發生兩天後，6 月 30 日，德國駐奧大使齊爾斯基（Heinrich von Tschirschky，1858～1916 年）在發給柏林外交部的電報中說，維也納決意藉此機會徹底解決塞爾維亞問

⬆1914 年 6 月 28 日奧皇儲夫婦遇刺身亡

⬆兇手普林西普 (Gavrilo Princip) 當場被捕

題。大使本人勸告奧國政府審慎從事，不應操之過急。德皇威廉二世的眉批是：「是誰授權給他？簡直糊塗！採取什麼措施，這是奧國的事，與他何關！如果事後出錯，這又是德國坐視不理。齊爾斯基不要胡說八道！塞爾維亞問題必須解決，而且越快越好！」

現在我們看看七月危機：

7月6日

帝國首相貝特曼‧霍爾維格（Theobald von Bethmann Hollweg，1856～1921年）遵照德皇意思，拍電報給齊爾斯基大使轉告奧國

政府 ：「……德國將以慣例地同盟忠誠 ， 站在奧國一方 。 」
("...dass Deutschland in gewöhnter Bündnistreue an seiner Seite stehen würde.") 在史學著作中，稱之為「空白支票」(Blankoscheck)，意思是：有我在，你放手幹好了！（貝特曼‧霍爾維格是畢羅後任。畢羅因財政改革案遭議會否決，被德皇免職。）

7 月 23 日

　　奧國有德國撐腰，向塞爾維亞發出最後通牒，限四十八小時之內答覆：由奧國官員前往現場調查謀殺事件與塞爾維亞政府的關係；禁止反奧活動。倫敦向德國提出建議，召開英、德、法、義四國大使會議，解決奧塞糾紛。德國因不願盟友奧國接

ⓒ帝國首相貝特曼‧霍爾維格

受其他列強制裁而拒絕。倫敦繼而要求德國勸告維也納政府與俄國進行直接交涉。德國對此項建議，未加可否轉達奧國政府，奧國相應不理。法國對俄表示遵守同盟義務。

7 月 25 日

俄國支持塞爾維亞，認為塞國自己無力對抗奧、德，不能見死不救，讓奧國消滅斯拉夫人的民族運動。中東危機因而升高。塞爾維亞準時答覆奧國通牒，拒絕奧國要求，開始動員。塞、奧兩國斷絕外交關係。

7 月 28 日

奧匈帝國對塞爾維亞宣戰。

7 月 29 日至 30 日

俄國實施總動員。

7 月 30 日

德國軍方參謀本部在摩洛哥危機時錯過一次動用「史利芬計畫」的機會，這次事態比上次嚴重，而且德皇態度強硬。當柏林獲悉俄國下令總動員之後，堅持執行「史利芬計畫」對法、俄開戰。首相貝特曼·霍爾維格也認為現在執行計畫的目的是：「在相當長的時間，保障德國在東西兩面的安全。因此，削弱法國，使之不能再度崛起；逼迫俄國退回俄國本土，結束其對非俄羅斯人的統治。」（「九月計畫」，Septemberprogramm，1914 年 9

月 9 日）

7 月 31 日

德國對俄發出最後通牒（下午三時），限十二小時內停止動員；對法要求在十八小時內發表法國在德、俄進行戰爭時保守中立的聲明。

8 月 1 日

帝國議會通過實施總動員，並對俄宣戰。

8 月 2 日

德軍開進盧森堡，執行史利芬計畫。

8 月 3 日

德國對法宣戰。德軍開入比利時，破壞比國中立。

8 月 4 日

英國對德發出通牒，要求維護比國中立，等於對德宣戰。

從七月危機的發展來看，我們可以得到兩點認識：1.在奧匈帝國對塞爾維亞宣戰之前，所有捲入糾紛的國家——兩大主角奧匈與塞爾維亞以及俄國、德國、法國及英國——都無意循外交途徑解決爭端。英國的兩個建議也止於「建議」而已，並沒有積極從事調停避免戰爭的意思。塞爾維亞要求民族自主，建立斯拉夫人的「大塞爾維亞王國」（即日後的南斯拉夫）。奧匈

為了維持多民族的帝國，不能使斯拉夫人的民族運動動搖國本，只有動武。俄國不願坐視奧國消滅斯拉夫人的民族運動，拔刀相助。法國與俄有同盟義務，但是新仇舊恨，也想藉此機會攻打德國，「痛飲匈奴血」。英與法、俄訂有盟約，也不願意德國危害自己的安全，不得不聯合出手。在七月危機之前，兩大陣營早已形成，皇儲遇刺事件之後才壁壘分明，兵戎相見。七月危機是歐洲大戰的導火線。2. 7 月 30 日俄國實施總動員以後，德國喧賓奪主，成為七月危機的主角，因為此時德國對俄、法主動宣布開戰（8 月 1 日及 3 日）已經和奧塞糾紛根本無關了。德國要執行「史利芬計畫」和「九月計畫」，打垮法國，削弱俄國，兼併盧森堡，占領法國礦區 (Longwy-Briey)，建立以德國為主的「中歐經濟聯盟」，稱霸歐洲。歐戰爆發後，「全德聯合會」、「全德意志重工業聯合會」要求兼併法、俄領土，教授、學會也上書首相主張在西方占領法國工業地帶，在東邊俄國取得土地以便移民。社會學者韋伯（Max Weber，1864～1920 年）說：「假如我們不冒險打這一仗，那我們就不必建立這個帝國！」議會各黨各派（包括左派的社會民主黨），支持開戰，與祖國共存亡。小市民也歡呼若狂：「戰爭終於來了！」

　　1905 年的「史利芬計畫」要打垮法國，削弱俄國，稱霸歐洲。但它把英國忘了。1914 年決定動用這個計畫的時候，軍

方、首相、皇帝也未考慮到英國可能參戰的後果。英國由於地
理上和戰略上的關係，不能坐視德國打垮法國，控制英法海峽，
危及英國安全，何況德國又擁有強大的海洋艦隊。基於同一考
慮，英國不能容忍德國破壞比國中立，威脅英倫本島。何況德
國也是保障比國中立的簽字國家之一。德國人信心十足，不考
慮在對法戰爭中——現在是歐洲大戰——英國可能發生的作
用。一著錯棋滿盤輸。

七、德國取勝的「神奇武器」

德國要在八個星期內用閃電攻勢解決法國的軍事計畫落
空。1916 年在西線戰場，德方傷亡六十五萬人，英、法損失六
十一萬四千人。戰爭進入陣地爭奪戰的拉鋸狀態。

1916 年 8 月 29 日， 德國軍方改組。 興登堡 （Paul von
Hindenburg，1847～1934 年）接任參謀總長，也就是陸軍最高統帥
(Oberste Heerleitung/OHL)。魯登道夫（Erich Ludendorff，1865～1937
年）出任首席參謀次長（Erster Generalquartiermeister，中國大陸著作
譯為「總後勤部長」或「第一軍需總監」，那是第二次世界大戰時的軍
銜），與興登堡共同負責軍事領導。實際上魯登道夫左右軍事政
策，同時開始干涉政治。從 1916 年 8 月上任到 1918 年 10 月下

臺，這是「魯登道夫獨裁」，影響德國命運的兩年。動用兩大「神奇武器」取勝，就是強人魯登道夫的決策。

　　歐戰爆發時，德國的左中右派，朝野上下，全力支持戰爭，相信勝利指日可待。到了 1916 年，前線傷亡慘重，後方生活困難；熱情大減，信心動搖。帝國議會各黨各派也開始討論「戰爭目的」。右派力主擴張政策，強勢外交。中間偏右黨派則要求在沒有割地和賠款的情形下結束戰爭，左派社會民主黨認為首相貝特曼・霍爾維格沒有求和誠意。軍方也不滿帝國首相，說他在對外關係上不夠強硬。魯登道夫，一言九鼎，貝特曼・霍爾維格於 1917 年 7 月 13 日下臺，軍方要有一位「合作」的首相，於是推薦米哈耶里斯（Georg Michaelis，1857～1936 年），在任三個月，首相又換了何特林（Georg Friedrich Graf von Hertling，1843～1919 年）。新任首相是中央黨領袖，也是一位哲學教授，但非青年才俊，任職時已達七十四歲，沒有主張，讓軍人牽著鼻子走。

　　1916 年秋以後，西線戰場上的諸多戰役，在在證明，「史利芬計畫」徹底破產，勝利無望。

　　英國實行海上封鎖時（1914 年 11 月英國宣布北海為作戰地區），並未立即見效，因為德國充分備戰，有恃無恐。但時間對德不利，從 1916 年秋以後，德國在軍事補給上逐漸發生困難，國內

↑戰鬥的「德意志帝國」(Germania)

⬆1914 年 8 月，充滿勝利信心開赴戰場。

經濟生產亦出現危機，日常生活用品供應缺乏。英、法有美國支援則不同，在歐戰期間，美國提供協約國的武器、糧食、貸款達四十億美元。在這種情勢下，德國軍方，主要是魯登道夫，動用兩個「神奇武器」(Wunderwaffen)，出奇制勝：無限制潛艇作戰及支持列寧革命。

　　1915 年初及 1916 年初，德國軍方都曾考慮動用潛艇加入海戰，爭論不決。魯登道夫「當家做主」之後，於 1917 年 1 月決定動用潛艇對付英國。當時德國軍方估計英國船艦共有四千萬噸位，如果進行「無限制潛艇作戰」(uneingeschränkter U-Bootkrieg)，每月擊沉六十萬噸位，六年後英國就沒有船了。但

在這種情況出現之前，英國遭受補給困難，招架不住，勢將向德國求和；沒有英國，法俄自然垮臺。到 1917 年 4 月，德國一共擊沉英國八十四萬九千噸位，成績也確實可觀。

　　「史利芬計畫」沒有考慮到英國可能參戰，是一大錯。執行「無限制潛艇作戰」，沒有想到美國會跨洋過海，聯合出手，又是錯上加錯。德國於 1917 年 2 月 1 日正式開始「無限制潛艇作戰」（無限制是說，不管戰艦、商船還是客船，不問屬於交戰國還是中立國家，見船就打，見死不救——潛艇在海洋下面也沒法救人）。美國遭到這種「野蠻的挑戰」，於 4 月 6 日對德宣戰，歐戰變成了世界大戰。從 1917 年 5 月起，英國決定護航之後，德國潛水艇的損失大於擊沉的噸位。那時候的潛水艇，還屬「小兒科」，技

⬆由左至右依序為興登堡、威廉二世、魯登道夫

↑諷刺德國無限制潛艇作戰的漫畫

術落後，要不時浮出海面充電「喘氣」，還不是今天的潛水艦。

　　此時，美國雖然已經對德宣戰，但與英國一樣還未全力投入戰爭，法國有英、美撐腰，餘威尚在。相反地，德國已是心有餘而力不足了。美國參戰，不僅使歐戰變成世界大戰，同時也改變了這次戰爭的性質。歐洲戰爭從來都是為了擴張勢力，割地賠款，與意識形態無關。這次美國對德宣戰，軍事行動為次，主要是要改變違反民意、軍國主義的君主政體；威爾遜總

統要求保障民主政治。對歐洲人來說，這是「新生事物」，對德國人來說，這是「德意志帝國」崩潰的開始。

「無限制潛艇作戰」未能如願取勝，又把美國拉入戰場。「史利芬計畫」是先打垮法國，然後再集中全力攻俄，不是同時進行兩面作戰。如今西線戰事膠著，東線同時對俄作戰，首尾不能兼顧，遙相呼應，同時又大量消耗兵力資源。西線是主要戰場，有待全力投入，因此在東線俄境必須早日結束戰事。

歐戰爆發後，1914 年及 1915 年，俄軍節節失利，到了1917 年初，已接近崩潰邊緣。同年的「二月革命」就是市民與農民的「反飢餓革命」，要求停止戰爭。新政府無視民意及困境，繼續開火。

1915 年，波伍斯・何爾凡（Alexander Pavus-Helphand，1867～1924 年），一個贊助革命的俄國商人，替列寧（Wladimir I. Lenin，1870～1924 年）搭線，介紹給德國外交部。當時德國不表興趣。1917 年「二月革命」（3 月 10 日）後，沙皇尼古拉斯二世於 3 月15 日退位。3 月 23 日，德國駐瑞士大使魯貝格 (Gisbert Freiherr von Romberg) 報告柏林外交部說：在瑞士的列寧及其革命黨人有意借道返俄。同時，德國駐丹麥大使蘭藻 (Ulrich Graf von Brockdorff-Rantzau) 也發出電報說：列寧決意返俄，並有意促使俄政府與德締結和約。蘭藻大使主張用列寧來保障德國的勝利。

⬆「和平鴿子」——列寧，1900 年 9 月 7 日，三十歲的列寧來到德國慕尼黑，持用假護照，用「麥耶」(Meier) 名字，住在皇帝大街四十六號。在這裡，列寧出版了理論刊物《火星報》，撰寫了名著《怎麼辦？》（1902 年 3 月出版，後來成為布爾什維克黨思想體系的基礎），也開始使用「列寧」這個名字。1902 年 4 月 12 日攜妻 (Krupskaja) 倉皇離去。1917 年，列寧自瑞士借道德國返俄時，又在慕尼黑短暫停留。

　　與俄國單獨媾和，可結束兩面作戰的困境。俄國在布爾什維克黨列寧的領導下繼續搞革命，無力對外，也無後顧之憂。德國外交部、首相及軍方一致同意支持俄國革命，節目主持人是魯登道夫，下令軍方「護送」列寧借道返俄。

　　1917 年 3 月底 4 月初，德國政府代表與列寧秘密談判。沒有文獻，詳情不得而知，但可以肯定的是：德國保證列寧安全

經過德國返俄，支持布爾什維克革命，以及要求德、俄單獨言
和。德國要俄國退出戰場，與德媾和，協約國要拉住俄國這個
盟友繼續作戰。對列寧來說，德國是「朋友」，協約國是「敵
人」。因為把對外戰爭轉變為俄國內部的社會主義革命，這是列
寧的目的，其前提是對外必須求得和平，這又是俄國人民的要
求。德國政府，特別是軍方，敵視革命，痛恨共產黨人，支持
列寧是為了結束東線戰場的軍事作戰，達成言和目的，解除兩
面作戰的困境。他們相信社會主義革命不會成功，俄國內情會
更加混亂，列寧也不成氣候。雙方下賭，互相利用。列寧是革
命鬥士，放長線釣大魚。出身哲學教授的帝國首相和出身貴族
的職業外交家，還有魯登道夫這個軍人，都沒有革命細胞，搬
起石頭砸了自己的腳，而且是後患無窮。

　　在德國軍方的安排下，列寧於 1917 年 4 月 10 日乘火車經
過德國和斯德哥爾摩，於 4 月 16 日抵達俄國。5 月，德國政府
又允許二百五十個俄國革命黨人借道返俄。從 1917 年 4 月到 8
月，布爾什維克的地方黨團組織由七十八個增至一百二十六個，
黨員由二萬三千人增至二十萬人。黨報增加，銷路上升。這不
是列寧的個人功勞，黨的領導有方。從列寧返俄到「十月革命」
（11 月 7 日），德國花了二千六百萬馬克支持俄國革命。1918 年
6 月 5 日，帝國議會又通過政府提案，用四千萬馬克支持蘇俄

革命政府。在上千億馬克的戰費中，這筆數額微不足道，但它卻改變了世界面貌。

中共革命成功，毛澤東一再感謝日本皇軍。假如不是德國護送列寧返俄，以及在財政上支持布爾什維克的革命，怎麼會有「十月革命一聲砲響，給我們送來了馬克思主義！」怎麼會「走俄國人的路」呢!? 飲水思源，毛澤東不該忘本。

八、帝國戰艦沉沒了

1917 年「十月革命」成功後，列寧力排眾議，主張與德單獨媾和。以德國為代表的中歐盟國與蘇維埃政府代表，從 1917 年 12 月到次年 2 月談判和約條件。和談期間，東線戰場停火。

在雙方談判期間，烏克蘭於 1918 年 1 月 22 日宣布獨立，德國馬上與烏克蘭簽署和約（2 月 9 日）；德方承認烏克蘭為獨立國家，取得德方需求孔急的麵粉及飼料糧食一百萬噸，史稱「麵包和平」(Brotriede)。

德方不滿意蘇俄代表的拖延戰術，於 2 月 18 日重啟戰端，侵入俄國東南，3 月 1 日攻陷基輔。俄方讓步。3 月 3 日，中歐盟國（德、奧匈、土耳其、保加利亞）與蘇俄簽署《布萊斯特－利陶思克和約》(*Friedensvertrag von Brest-Litowsk*)：

1. 蘇俄放棄波蘭、立陶宛及庫爾蘭的主權，由德國根據民族自決原則與其人民決定主權關係。

2. 德國在愛沙尼亞及利弗蘭有警察占領權（根據 8 月 27 日附屬條款兩地脫離蘇俄自治）。

3. 蘇俄承認烏克蘭及波蘭為獨立國家。

4. 蘇俄解散軍隊。

5. 雙方放棄賠償。

　　德國政府認為這是外交上的一大勝利，軍方則著手把蘇俄割讓和放棄的土地連在一起，成立一個「大東歐帝國」，這是德意志帝國崩潰前七個月的事。對蘇俄來說，這個和約是奇恥大辱，後果嚴重。俄國失去戰前領土的百分之二十，耕地面積百分之二十七，鐵道路線百分之二十六，輕工業百分之三十三，重工業百分之七十三以及礦產百分之七十五；切斷蘇俄至波羅地海及黑海的通路。根據「史利芬計畫」德國要打垮法國，削弱俄國；法國沒有打垮，俄國是被削弱了（德意志帝國崩潰後，蘇俄政府宣布此約無效，另行和議。1918 年 11 月 3 日）。第一次世界大戰後，德國人痛恨那個「帝國主義」的《凡爾賽和約》。從動機、目的和後果來看，這個《布萊斯特－利陶思克和約》要比《凡爾賽和約》還帝國主義！德國人是「詩人和思想家的民族」，威廉時代的軍人和政客除外。

⬆帝國首相麥克斯

《布萊斯特—利陶思克和約》簽字之後，德軍依然向俄境東南推進，掠奪糧食、資源，同時協助烏克蘭和芬蘭把侵入的布爾什維克「赤衛隊」打出國境。蘇俄再次屈服，於 8 月 27 日，與德軍簽訂附屬條款：德國撤出俄境，俄方賠償軍事損失費用六十億馬克。另外蘇俄承認格魯吉亞 (Georgien) 獨立。

　　1918 年 8 月初，美軍五萬四千人與英、法聯合作戰，德軍在西線戰場完全崩潰。為了德軍榮譽，避免投降，魯登道夫要求帝國政府在四十八小時之內，與美國交涉停戰。但在兩天前，美國總統威爾遜已在紐約公開聲明，協約國只與民主政權進行和談。首相何特林力不從心，提出辭職，10 月 3 日，德皇任命麥克斯（Max Prinz von Baden，1867～1929 年）接班。同一天，軍方第一次在帝國議會提出軍情報告：德軍已在崩潰邊緣，無力繼續作戰。議員震驚失色，全場啞然無聲。10 月 26 日，魯登道夫提出辭職，效法比拉多（Pilatus，《聖經・馬太福音27》，24–25）

洗去手上血跡，一切罪行錯誤與他無關，離開柏林，一走了之。
德皇也開溜，前往德軍在比國的總指揮部。同日，威廉海港水
兵暴動，11 月 3 日至 7 日，基爾海港水兵、軍隊、工人暴動；
在慕尼黑及柏林發生所謂「十一月革命」(Novemberrevolution)。
11 月 9 日是德國近代史上最戲劇化、也是決定帝國命運的一天：

9:00–11:00　前方三十九名將領決定不支持皇帝 ，對革命進行
　　　　　　鎮壓。

12:00　麥克斯首相擅自發布皇帝退位消息。

12:30　麥克斯決心不幹首相了，私相授受，把首相職務
　　　　交給社會民主黨人艾伯特。

14:00　最高統帥給首相辦公室發出電報 ：「為了避免流
　　　　血，皇帝退位，但仍為普魯士王。」

15:00　社會民主黨議員謝德曼 (Philipp Scheidemann) 在議
　　　　會陽臺上講話，結束時順口說了一句：「德意志共
　　　　和國」萬歲！

16:00　獨立社會民主黨領袖李卜克內西 (Karl Liebknecht)
　　　　宣布成立「自由社會主義共和國」。

夜　興登堡拒絕帶兵為皇帝打回老家去，勸威廉二世
　　流亡荷蘭。

11 月 11 日停戰協定簽字生效，11 月 28 日，大勢已去，德

皇威廉二世放棄皇位。當皇帝退位的消息到達柏林的時候，德國已經有了兩個「共和國」了。

在第一次世界大戰以前，還沒有「戰爭責任」這個概念。戰爭是貫徹對外政策、擴張勢力範圍、解決國際糾紛的正常手段，勝者王侯敗者賊。但這次大戰，雙方傷亡慘重，史無前例。

參戰各國共有七百九十四萬人陣亡，負傷人員高達約兩千萬人。戰勝國家開始追究「戰爭責任」問題。依《凡爾賽和約》第二百三十一條，德國應單獨負完全責任。在威瑪時代和第三帝國，德國人拒絕這個「帝國主義」的判決。第二次世界大戰以後，德國在第一次世界大戰的「戰爭責任問題」(Kriegsschuldfrage) 是德國史學界的研究重點。不外有意證明，德國不是「罪魁」，德國人不是一個好戰的民族。

1951 年，德法歷史學者發表共同研究計畫報告，雙方一致認為：「從有關文獻來看，不能認為某一國家政府或某一民族在 1914 年有意發動一場歐洲戰爭……德國在 1914 年的政策，並非以引發一場歐洲戰爭為目的；它主要是受對奧匈帝國的同盟義務所制約。」1961 年，史學教授費雪 (Fritz Fischer) 提出新的論點：德國當道有意利用七月危機進行一場征服戰爭。此論一出，引起圍攻，著名史學教授紛紛著書立論，提出自己的看法。蔡賀林 (Egmont Zechlin) 認為，英、法、俄在 1914 年夏對德國

「包圍」的加強，使帝國領導不得不採取有限度的「攻勢」（即支持奧對塞爾維亞作戰）。艾德曼 (Karl Dietrich Erdmann) 從貝特曼‧霍爾維格首相親信的日記，來闡明帝國首相開出「空白支票」的背景。李特 (Gerhard Ritter) 強調，在俄國實施動員後，帝國政府受制於軍方，未能及時控制危機。從眾家學者的論點中，可以總結地說：德國政府對於歐戰爆發負有共同責任，但不是為了實現強權政治而進行戰爭，只是想利用七月危機改善德國的外交處境，冒險而行。

對於上述說法，身為局外人，不敢苟同。歐戰爆發，參戰國家都有責任，只是德國的砝碼較重而已。在歐戰爆發前，英、法、俄，特別是德國，都相信戰爭遲早要來，尋求盟友，拼命武裝。等到戰爭來臨時，沒人有意和平解決糾紛，都在摩拳擦掌，要一決雌雄。在 1914 年「七月危機」時，沒人有意「引發」(Entfesselung) 戰爭，但德國在俄國實施動員後，就決意動用「史利芬計畫」，主動對俄法開戰，旨在打垮法國，削弱俄國，成立「歐洲經濟聯盟」（「九月計畫」），在《布萊斯特－利陶思克和約》之後，又要建立在德國控制下的「大東歐帝國」，要稱霸歐洲，要當世界強國。這些都與奧匈、塞爾維亞危機無關。

德意志帝國是在砲火中打出來的，威廉二世掌舵之後，帝國這條大船，「開足馬力，全力推進」，又在砲火中沉沒了。

希特勒與「第三帝國」興亡史話

郭恒鈺／著

在《我的鬥爭》一書中，希特勒指出：國家不是目的，而是為了追求另外一個更高理念——一個以血緣為主的「民族共同體」——的手段。國家的責任是保障這個「民族共同體」取得相應的資源與土地；對德意志民族來說，就是征服蘇俄在歐洲部分的「生存空間」。

征服「生存空間」與種族鬥爭是一體兩面。布爾什維克主義要控制世界，猶太人又是布爾什維克主義的老祖宗，因此亞利安種族必須對「猶太毒菌」進行殊死鬥爭，必須「滅絕猶太布爾什維克主義」——滅絕猶太人。這個念頭像一個魔箍套在希特勒的頭上，身不由己，誓不罷休，最後使自己舉槍自盡，也給「第三帝國」帶來了解體的命運。